# 実践 Q&A
# マネジメント・コントロール・システムのはなし

山本宣明〔著〕

MANAGEMENT
CONTROL
SYSTEMS

中央経済社

# はじめに

　本書は管理会計を理解したい，習得したいという方を念頭に，管理会計，なかでも業績管理会計の基礎にあるマネジメント・コントロール・システムという考え方をできるだけ分かりやすく伝えます。本書を執筆しようと考えたのは，日本において管理会計の基本的な考え方が十分に啓蒙されていないことを感じてきたからです。筆者は大学院を修了した後，縁あって現在の職場であるLEC会計大学院[1]という社会人が多く学ぶ会計専門職大学院で教えることになりました。すでに15年以上の時が経っていますが，15年前と現在でも管理会計の基本的な考え方が十分に啓蒙されていないという状況は変わっていないと感じています。本書はそのような状況を少しでも改善できればという思いから執筆しました。なお，本書は実践Q&Aというタイトルにふさわしく，筆者の私見に基づく実践ガイドです。

　筆者が勤務するLEC会計大学院は，現在ほとんどの大学院生が税理士を目指しています。働きながら税法や会計の修士論文を書いて，それを国税審議会に提出し認められれば税理士試験の一部科目が免除されることを皆さん目指しており，多くの方が会計事務所（税理士事務所）に勤務しています。会計事務所業界では管理会計に対するニーズが高まっているとの声を長年聞いており，筆者もその声に応えようと授業に精力的に取り組んできました。授業する中で何度か伺ったのが，「管理会計は制度会計と違ってあやふやでつかみどころがない」という声でした。たしかに管理会計は経営のために会計情報をいかに使うかを命題とするため，制度会計のように法律や制度で一律に規定されるというわけではありません。しかしその一方で全く思考の枠組みがないのかといわれれば，一定の枠組みや考え方はあります。その中核的な一つがマネジメント・コントロール・システムという考え方です。多くの管理会計やマネジメン

---

1　正式名称は，LEC東京リーガルマインド大学院大学　高度専門職研究科　会計専門職専攻。

ト・コントロール・システムに関する書籍は非常に専門性の高い形で刊行されていたり，もしくは計算技術の解説に特化するような形になっていたりします。そのため，もっとも必要とされる思考の枠組みとしてのマネジメント・コントロール・システムを丁寧に説明することが従来ほとんど行われてこなかったと思われます。本書はこの点をフォローします。

　管理会計は本来，事業に関わる全ての人にとって有用です。とりわけ管理職以上のリーダーになろうとしている人にとっては，管理会計の基礎ないし前提となっているマネジメント・コントロール・システムの考え方は必須といえるでしょう。近年，FP&A（Financial Planning and Analysis）という職務が注目されていますが，FP&A として存分に活躍するにはマネジメント・コントロール・システムに対する理解が不可欠です。筆者の勝手なイメージでは，街中に多く存在する会計事務所は中小零細企業にとって外部 CFO であり FP&A 機能を発揮することが必要であり，一方，大企業は経営企画部や経理部・財務部に所属する方々が FP&A として活躍することが必要と考えています。いずれも FP&A 機能を発揮するにはマネジメント・コントロール・システムという考え方を習得することが前提になります。

　本書は具体的な成果として，本書を読まれた方が優れた FP&A として活躍されることを目指して全編執筆しています。そのために「効果的な FP&A の12の原則」を，全編を通じて取り上げています。原則をどのように理解・解釈すれば良いかを執筆の中心に据え，マネジメント・コントロール・システムに関して定番となってきたアンソニーの見解に基づいて筆者なりの解説を行っています。

　なお，本書では参考文献が共著と編著の場合に引用部分の著者が特定できるところは著者名で表記しています。例えば，石橋・三木・本田（2023）の共著書がある場合，本文での引用部分を石橋（2023, p.123）と書いていたりします。一方，図表の出所は共著・編著ともに共著者名・編著者名で表記しています。

2023年8月

山　本　宣　明

# CONTENTS

# 第1章

マネジメント・コントロール・
システムの基本

## Q1 マネジメント・コントロール・システムの必要性

> マネジメント・コントロール・システムはなぜ，必要なのですか？

**A** マネジメント・コントロール・システムがなぜ，必要なのかという問いに対する答えは明快です。それは会社全体の最適化を実現する唯一の手段だからです。一言でいうと，全体最適を実現するためです。全体最適と対で使われる言葉は部分最適ですが，部分最適を排除して全体最適を実現することがマネジメント・コントロール・システムが必要とされる理由です。部分最適は例えば会社の部署にとっての最適化であり，対して全体最適は会社全体の最適化を指します。つまり，会社全体として実現したい状態に向けて最適化する手段がマネジメント・コントロール・システムにほかなりません。

全体最適を実現するには，会社が実現したいと目指している状態に向けて戦略を実行することが必要になります。また，会社全体として目指す状態に向けて組織構成員の方向性を合わせることが必要になります。したがって，マネジメント・コントロール・システムは戦略をいかに実行するか，組織構成員の方向性をいかに合わせるかが重要な焦点となります。

### （1） FP&A の原則に見るマネジメント・コントロール・システムのコア

世界的な管理会計の職業人団体として IMA（Institute of Management Accountants）があります。IMA は管理会計のベストプラクティスに関する調査報告書を公開しており，その一つに「優秀企業における効果的な FP&A の12の原則（原題：Key Principles of Effective Financial Planning and Analysis）」[2] があります。12の原則を以下に列記します。

1．**基本原則：基盤を形作る5つの原則**
　　原則1：中期経営計画を作成し，戦略実行のために必要なプロジェクトを明確にする。
　　原則2：原則1のプロジェクトに必要な資源を明確にして，年度予算に反映させる。
　　原則3：年度予算（および実行予算）がどのように財務上の目標の達成に貢献するかを理解し，これらの予算に対する進捗をモニターする。
　　原則4：予算と実績（および予算と予測）の差異発生理由を，迅速にビジネスの面から明確にする。
　　原則5：財務上の目標および業務（オペレーション）上の目標の達成に乖離が発生した場合，是正措置を講ずる。

2．**アカウンタビリティに関する原則：当事者意識を強化する文化を作る**
　　原則6：全社レベルの財務上の目標および非財務上の目標を，より具体的に目標に変換して現場レベルの目標として設定する。
　　原則7：マネジャーおよび従業員に財務上の目標の達成に責任を持たせ，財務上の目標と金銭的な報酬を結びつける。
　　原則8：マネジャーおよび従業員に業務（オペレーション）上の目標の達成に責任を持たせ，業務（オペレーション）上の目標と金銭的な報酬を結びつける。

3．**FP&A をさらに高い次元へ進める原則**
　　原則9：事業の成功をもたらすドライバーを明確にし，これらのドライバーに関して主要業績評価指標（KPIs：Key Performance Indicators）を設定する。
　　原則10：原則9の主要業績評価指標（KPIs）に関して，長期的および短期的な目標を設定する。
　　原則11：原則10の主要業績評価指標に関する目標を達成するために，プロジェクトを立ち上げる。
　　原則12：主要業績評価指標をモニターし，主要業績評価指標の目標と金銭的な報酬を結びつける。

---

2　原文のリンクは次のとおり。
https://www.imanet.org/-/media/c91d297df90e4ad090ac72289b26099c.ashx
なお，日本語訳は昆・大矢・石橋（2020）に依拠しています。

　上記の原則は，マネジメント・コントロール・システムの観点からは理想的な規範といえる原則が示されています。原則1から5は組織全体のPDCAサイクルを回す仕組みであり，原則6から8は組織構成員を戦略実行の方向性に結びつける仕組み，原則9から12はより高度に業績管理を行う仕組みといえます。これら12の原則は，現代におけるマネジメント・コントロール・システムのコアを示しているといってよいでしょう。

　ここでは12の原則のうち1から8までを取り上げて，マネジメント・コントロール・システムが会社が目指す状態に至るためにどのように戦略を実行し，どのように全体最適を実現するかの基本的（規範的）なイメージを続けて説明します。

## （2）　基本原則：基盤を形作る5つの原則の意義

　原則1から5は組織全体のPDCAサイクルを回す仕組みを示しており，マネジメント・コントロール・システムを使って業績を管理する**システマティックなプロセスのコア**と位置付けられます。流れを次に示してみます。

---

原則1　（中期経営計画：実行プロジェクトの明確化）
　　↓
原則2　（年度予算の編成：年度業績目標と投入資源量の明確化）
　　↓
原則3　（予算に対する実績のモニター：業績目標に対する進捗観測）
　　↓
原則4　（予算実績差異分析と予算予測差異分析による状況解析）
　　↓
原則5　（目標に対する実績の乖離に関する是正措置の発動）

---

　マネジメント・コントロール・システムは上記の**原則1から5を繰り返すことで戦略を実行**します。つまり，経営管理レベルでPDCAサイクルを回す仕組みが原則1から5には示されています。したがって基本原則であり，業績を

上げるための基盤を形作る5つの原則というわけです。

## （3）　アカウンタビリティに関する原則：当事者意識を強化する文化を作る意義

　原則6から8は組織構成員を戦略実行の方向性に結びつける仕組みであり，マネジメント・コントロール・システムが戦略実行の確実性を上げるために**組織全体を包括して駆動する仕組みのコア**といえます。これも先と同様に流れを示します。

---

原則6　（会社全体の財務と非財務の目標を現場に落とし込む：カスケード）
　↓
原則7　（各階層の管理者と従業員に財務的な目標の責任と報酬を結びつける）
　↓
原則8　（各階層の管理者と従業員に業務的な目標の責任と報酬を結びつける）

---

　組織全体を包括して駆動するには，会社全体の目標が会社内の各部署や階層に落とし込まれ相互に接続されることが前提になります。原則6はそのことを示しており，財務と非財務（業務）の両面でセットされる必要を示しています。その上で原則7と8が重要で，**結果に組織構成員の個々人にコミットしてもらう仕組みとして，責任の割り当てと金銭的な報酬を結びつけます。組織構成員の各人にしてみれば，割り当てられた目標を達成する結果責任と金銭的な報酬が結びつくことから他人事ではなくなります。つまり，当事者意識を強化する文化を結果責任の明確化と報酬設定によって作る**ということです。こうすることで組織全体を包括的に駆動する，というのが基本的な考え方です。

## Q2 マネジメント・コントロール・システムの全体像

マネジメント・コントロール・システムの全体像はどういうものですか？

**A** Q1の回答で示した現代のマネジメント・コントロール・システムのコアはまさにコアで，より包括的な枠組みを次に示したいと思います。

マネジメント・コントロール・システムを巡っては，従来圧倒的な存在感を持って世界的に知られてきた書籍がありました。それはアンソニー（Robert N. Anthony）が著した『Management Control Systems』です。残念ながら2006年にアンソニーは逝去されていますが同年に第12版が出版されており，翌年に

[図表 1-1] マネジメント・コントロール・システムの全体像

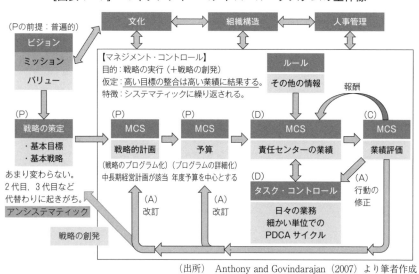

（出所）　Anthony and Govindarajan（2007）より筆者作成

発表されている第12版の International Edition を元に全体像を説明します。

## （1）　アンソニーが考えたマネジメント・コントロール・システムのコア

　図表1-1の中にある MCS とされている部分は，アンソニーが考えるマネジメント・コントロール・システムのコアと考えられます。すなわち，戦略的計画，予算（資源配分を含む），責任センター（振替価格[3]の設定を含む），業績評価（金銭的報酬を含む）がコアです。流れとしては戦略的計画によって戦略の具体化を図り，予算編成を通じて資源配分を行います。そして責任センターと称される社内各部署で責任を分担して実績を上げ，業績評価を通じて戦略の実行度合いを評価・検証します。先ほども述べたことで図表1-1内を矢印で繋げていることからも分かるとおり，このプロセスをシステマティックに繰り返すことでマネジメント・コントロール・システムは会社が全体として目指す状態の実現を支援します。

## （2）　経営管理レベルの PDCA サイクルと3つの階層

　図表1-1の中で P, D, C, A と付しているのは，PDCA サイクルを意図して筆者の解釈として付けています。戦略的計画と予算は Plan，責任センターは Do，業績評価は Check です。そして，Action として一般的なのは行動を変化させることですが，予算や戦略的計画の改訂を行うことも含めています。VUCA とも言われる現代では，当初の予定の妥当性が失われることも想定する必要があります。会社が全体として実現したい・目指したい状態は変わらずとも，そこに至る戦術や方法は柔軟に変える必要があるかもしれません。これら戦略的計画，予算，責任センター，業績評価を通じた PDCA サイクルは，

---

3　振替価格は社内取引におけるルールを定める仕組みです。工場と営業の取引価格についてあらかじめルールを設定しておくことなどが考えられます。社内各部署を責任センターとして定義して，各責任を分担して担ってもらう以上，振替価格の設定をあらかじめしておかないと無用の混乱を招く恐れがあります。したがって，振替価格は各責任センターが責任を果たす上で重要な仕組みといえます。

経営管理レベルの PDCA サイクルといえます。予算は年度予算が一般に想定されるので，１年間という単位で PDCA サイクルが回ります。

　他方，図表１-１には戦略の策定に P が付されていたり，タスク・コントロールに D が付されていたりします。また，タスク・コントロールには細かい単位での PDCA サイクルとの説明が付記されています。これは経営を大きく３つの階層で捉えるという発想（図表１-２）が背景にあります。

　図表１-２はアンソニーの考えに基づいて作成したものです。経営には戦略の策定，マネジメント・コントロール，タスク・コントロールという３つの階層ないしレベルがあると考えます。戦略の策定は会社全体の基本目標や基本戦略，基本政策を作ることが役割です。それを受けてマネジメント・コントロールは基本戦略の実行を担います。そしてタスク・コントロールは具体的な個々の業務を効率的かつ効果的に推進することが役割です。

　図表１-１ではタスク・コントロールに細かい単位での PDCA サイクルがあることを示しています。これは，業務単位で PDCA サイクルがあることを念頭に置いています。一方，戦略の策定はまさに P で基本目標や基本戦略を作ることが役割ですが，戦略レベルでの PDCA サイクルもあると筆者は考えています。こちらは数年単位もしくはそれ以上の時間軸で捉えられます。基本目標や基本戦略はそうそう変わるものではありませんが，経営管理レベルの PDCA，つまりマネジメント・コントロール・システムを通じた PDCA サイ

[図表１-２]　経営の３つの階層と役割

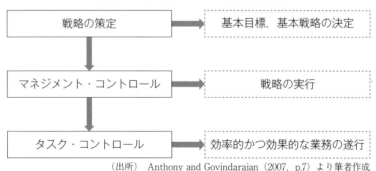

（出所）　Anthony and Govindarajan（2007, p.7）より筆者作成

クルを続けた結果として時に変化が起きる場合があります。それを戦略の創発と呼びます[4]。

## （3）　戦略の実行に影響する他の重要な要因

　戦略の実行にあってマネジメント・コントロール・システムは中核的な役割を担います。この点は普遍的なものの，会社によって多様性が生まれます。業種業態や企業規模，そもそも掲げる基本目標や基本戦略が違うこともありますが，その前提となるミッション，ビジョン，バリューといった企業が持つ価値観が違うことも大きいです。加えて，企業文化や組織構造，人事管理が各社各様であることから，マネジメント・コントロール・システムはそれらとの関連が重要な論点となります。**会社の発展段階や状況によって有効なマネジメント・コントロール・システムが変わってくる**ことも考えられます。

　図表1-3は図表1-1で示しているマネジメント・コントロール・システムの全体像のうち，重要な関連を持つ要因を強調しています。マネジメント・コントロールはマネジメント・コントロール・システムを通じて行うものですが，

［図表1-3］　戦略実行に影響する要因とフィットの必要性

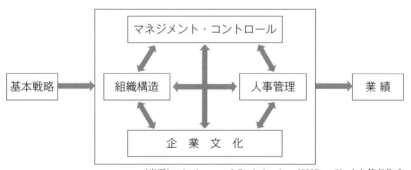

（出所）　Anthony and Govindarajan（2007，p.8）より筆者作成

---

4　なお，図表1-1にあるとおり戦略の策定はマネジメント・コントロール・システムと違い，アンシステマティックという点に特徴があります。同族会社で代替わりが起きる時に大胆な方針転換が図られることなどが典型です。少なくともシステマティックないし規則的に起こるものではありません。

[図表 1 - 4 ]　法人格ベースから機能ベースへの移行

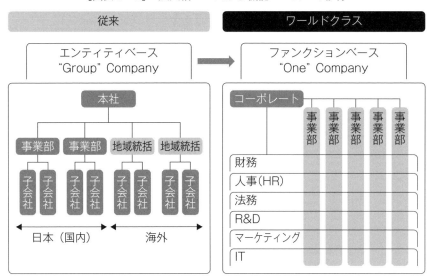

（出所）　橋本・昆・日置（2020, p.107）に矢印を筆者追加

組織構造や人事管理，企業文化とフィットしないと高い業績に結果しないと考えられます[5]。この点に関して近年の議論で注目できるのは，「はじめに」で言及した FP&A への注目と共に，組織構造や人事管理をグローバル企業と同様に機能ベースに移行することが提案されていることです（図表 1 - 4 ）。図表 1 - 3 の概念図からすると，それらの動きが整合性を持って機能する時に高い業績が期待できます。少なくとも図表 1 - 3 のような**関連性を意識することが重要**です。

## （4）　マネジメント・コントロールの有効性に影響するルールの存在

　マネジメント・コントロールはシステムを通じて自動的に判断や意思決定ができるものではありません。**戦略を実行する意図を持って判断することや意思決定が必要**になります。そこに会社なりの一貫性を持たせるため，会社として

---

5　管理会計研究の世界ではこれら諸要因間の関連，フィットの度合いを検証する研究が多く見られます。

ルールを持つ場合があります（図表1-1）[6]。例として，ここではアイリスオーヤマのルールを抜粋して紹介します（**図表1-5**）。

[図表1-5]　アイリスオーヤマのルール

・工場の稼働率は7割
・経常利益の50%を投資に回す
・売上高に占める研究開発費の割合は4%
・売上に占める新製品比率を50%に設定

（出所）　大山（2020）を元に筆者作成

　上記のアイリスオーヤマのルールは，同社のマネジメント・コントロールにあってどのような効果を発揮するでしょうか。まず確実にいえることは，意思決定の効率化を図ることができるということです。これらのルールがあることで，改めて水準から検討する必要がなくなります。そして，これらのルールがあることでアイリスオーヤマならではの一貫した経営行動や成果を生み出すことができます。例えば成果に関して消費者目線でいえば，アイリスオーヤマの商品展開の豊かさが新製品比率50%に拠っていることが分かります。工場の稼働率，設備投資，研究開発費，新製品比率のいずれも経営の裁量で変えられますが，これらのルールを持つことで組織全体として一定の規律を持って動くことができます。**組織として一定の方向性を持って業績を上げ続ける仕組みとしてルールを活用する**，ということの重要性をアイリスオーヤマのルールは示唆していると考えられます。

---

6　アンソニーはルールをかなり幅広く捉えており，業務マニュアルや倫理規定などを含めてルールの影響を想定しています（Anthony and Govindarajan, 2007, pp.103-104）。

---

**Q3** マネジメント・コントロール・システムの
根底にある思想

マネジメント・コントロール・システムを支えるキーコンセプ
トは何ですか？

---

**A**

## （1） マネジメント・コントロール・システムを単語から捉える

　マネジメント・コントロール・システムは，それぞれの単語が意図している
ことを押さえることがスタートとして重要です。マネジメント，コントロール，
システムそれぞれの意味です。素直に進めるなら頭から順番にがよいかもしれ
ませんが，ここは逆から進めてみたいと思います。

　まずシステムですが，これはここまでに何度か言及しているとおり，何らか
の手段の組み合わせを指します。図表1-1でコア部分として挙げているもの
としては，戦略的計画，予算，責任センター，業績評価が一通りの組み合わせ
であり，システムとなります。何らかの手段の組み合わせで繰り返される仕組
みであるという点が特徴です。

　次にコントロールについては，アンソニーの説明が広く知られています[7]。
アンソニーは3つのコントロール例を挙げました。エアコン，体温調整，自動
車の運転です。ここでは最もシンプルで分かりやすいエアコンを取り上げます
（**図表1-6**）。エアコンはいうまでもなく室温調整するものですので室温がど
うなっているかを捉えるセンサー（sensor or detector）があります。そして，
実際の室温と設定温度との乖離がどの程度あるかを把握するアセッサー（as-

---

7　Anthony and Govindarajan（2007, pp.2-4）

sessor）があり，室温と設定温度の乖離を埋めるのに必要な対応（風の冷たさ・暖かさや風量）を決めるエフェクター（effector）ないしフィードバック（feedback）機能があります。これら各機能を搭載した上で，全体を繋ぎ合わせる回路＝コミュニケーション・ネットワーク（communication network）がないと動きません。アンソニーは複雑さが体調調整や自動車の運転などで変わってくるとしつつ，共通してあらゆるコントロールにはこのような4つの要素があるとしました。したがって，会社という一つの組織を念頭に置くマネジメント・コントロール・システムにあっても，4つの要素が少なくとも必要と考えます。

［図表1-6］　エアコンを例にした室温をコントロールするための要素

（出所）　Anthony and Govindarajan（2007，p.3）を元に筆者作成

　最後にマネジメントですが，これは会社組織という多くの人が協働して特定の目的に向かっていくという前提が重要です。そして，エアコンや体温調整，自動車の運転と比較する時，複数の人間が協働する組織を動かしていく際に生じる特徴があります。アンソニーの説明に私見を交えて要約します（図表1-7）。

［図表1-7］　マネジメント・コントロール・システムの特徴

1．エアコンのように設定温度はあらかじめ設定されない。
2．エアコンのように自動的に調整できない。
3．エアコンのように単独では対応できない。

（出所）　Anthony and Govindarajan（2007，pp.4-5）を元に筆者作成

　1. はエアコンであれば設定温度が標準で事前に設定されていたりしますが，マネジメント・コントロール・システムではあらかじめ標準が設定されるわけではないということです。エアコンでも設定温度を好みで変えたりしますが，マネジメント・コントロール・システムは少なくとも標準で事前に目標が設定されることはなく，意識的・意図的に実現したい目標と計画を設定する必要があります。また，マネジメント・コントロール・システムにあっては**計画と統制がセット**である点も特徴的です。統制のない計画は単なる絵に描いた餅である一方，計画のない統制は意図不明な不審運転となる可能性があります。

　次に 2. は，エアコンであれば室温を設定温度にするというシンプルな目標に向かって風の冷たさ・暖かさや風量を変えるという形で何をするかが明快な一方，マネジメント・コントロール・システムの場合は必ずしも対応が明快とはならない点が特徴的です。予算に対して実績が未達として，どういった対応策を講じるかは様々で，自動的にこうしましょうとはなりません（not automatic）。アグレッシブに行動を変える場合もあれば，静観して推移を見守ることが吉ということもあったりします（self-control）。実現したい状態に対してどう行動するか，数値に基づいて判断すること（judgement）が求められます。

　そして，2. と関連することとして 3. の特徴があります。つまり組織としてどう動いていくかということになるため，経営者や管理者のみで対応することはできません。当然，多くの人と協働して対応することが必要です。エアコンも機器の内部を見れば様々な部品や機能が組み合わさって動いているので，そういう見方をすれば組織的に対応しているとなりますが，マネジメント・コントロール・システムが対象とする会社組織は，相手が人間の集合体という点が特徴的です。当然，様々な調整（coordination）が必要になります。

## （2）　マネジメント・コントロール・システムを支えるキーコンセプト

　様々な調整というと，焦点がよく分からない調整のための調整といった事態を想像するかもしれません。しかしながら，マネジメント・コントロール・システムを設計して運営する際の重視すべきキーコンセプトは明確に持たれてき

ました。それは，図表1-1の中で仮定として示している高い目標の整合が高い業績に結果するという考えです。一言でいうと，**目標の整合**（goal congruence）が鍵です（**図表1-8**）。

　効果的なFP&Aの12の原則を改めて見てみましょう。12の原則のうち，原則6から8の「アカウンタビリティに関する原則：当事者意識を強化する文化を作る」は，そのままずばり目標の整合を高めることを目的とする原則です。原則1から5の基盤を作る原則を踏まえ，高い業績を生み出す仕組みとして原則6から8が示されています。つまり，効果的なFP&Aの12の原則でも目標の整合が高い業績に結果することが予定されています。そして，アンソニーが提示したマネジメント・コントロール・システムは，元からその発想が持たれてきました。このような考え方が持たれているのは，やはりマネジメント・コントロール・システムが会社組織という多くの人が協働する場を対象とすることが影響しています。

[図表1-8]　目標の整合のイメージ

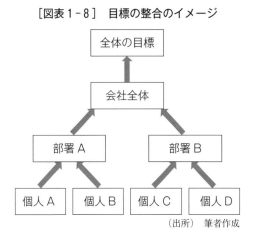

（出所）　筆者作成

## Q4 マネジメント・コントロール・システムの基本的な役割と関係性

> 戦略の実行と創発はどういう関係として理解すればよいでしょうか？

**A** マネジメント・コントロール・システムは戦略を実行するための枠組みです。つまり基本的な役割は会社の戦略を実行することです。効果的な FP&A の12の原則も図表1-1で示したアンソニーが考えたマネジメント・コントロール・システムも，戦略を実行することを中心に据えていることは明白です。その一方で図表1-1と1-2に基づいて少し言及したとおり，戦略実行の PDCA サイクルを回す中で時に戦略が創発することがあります。これは会社の基本戦略が変わる現象を指していて，大きな変化です。では，戦略

**（再掲）[図表1-1] マネジメント・コントロール・システムの全体像**

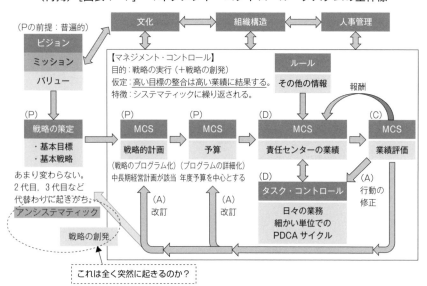

の創発は全く突然に生じるのでしょうか。

　図表1-1では戦略の策定の特質としてアンシステマティックを付しました。これは戦略の策定や変更がマネジメント・コントロール・システムのようなシステマティックに繰り返されるわけではないという理解が背景にあります。つまり，戦略の創発は少なくともシステマティックに予定されるものではありません。しかし，戦略の創発はある日突然，天から降ってくるとは考えにくいです。全くの偶然で創発する可能性も否定できませんが，図表1-1における戦略の創発は経営管理レベルのPDCAサイクルを回す中で生じることを示しています。そして，正式な戦略の創発に至らずとも戦術レベルでは変化が多数起きている可能性があります。さらに，それら**戦術レベルの変化の蓄積が戦略レベルの変化すなわち戦略の創発に結果する**ことが考えられます。

## （1）　アンソニーの戦略実行と創発の関係に関する説明

　アンソニーは，戦略実行と創発の関係をサイモンズ（Robert Simons）の考えを参考に記しています[8]。

　図表1-9にあるように，戦略実行という基本的な役割をマネジメント・コントロール・システムが果たすには，**戦略に基づく重要成功要因の特定による設計と運営が不可欠**です。これは効果的なFP&Aの12の原則のうち，原則9から12のFP&Aをさらに高い次元へ進める原則と合致する考え方です。FP&Aが十分なパフォーマンスを上げる基礎として原則1から8までが準備され，より高度な経営管理を可能にするのが原則9から12といえます。そして，アンソニーは環境変化が著しい時，マネジメント・コントロール・システムを通じて得られる情報が新たな戦略を考える基礎を提供できるとします（**図表1-10**）。

　マネジメント・コントロール・システムが新たな戦略を考える基礎を提供するには，システムを戦略の進捗を診断するだけでなくインタラクティブに利用

---

8　Anthony and Govindarajan（2007, pp.471-474）。サイモンズは現在の中心的な研究者の一人です。

[図表1-9] 戦略実行ツールとしてのコントロール・システム

（出所）　Anthony and Govindarajan（2007，p.471）より筆者作成

[図表1-10] インタラクティブ・コントロール

（出所）　Anthony and Govindarajan（2007，p.471）より筆者作成

することが必要です。インタラクティブを直訳すると相互作用的といったことになりますが，要するにマネジメント・コントロール・システムを通じて得られる情報について**活発に意見交換する（対話・議論する）イメージ**です。意見交換を活発にする目的は基本的にいかに戦略を実行するかではあるものの，その意見交換の中から新たな戦略が創発する（立ち上がってくる）イメージが図表1-10のインタラクティブ・コントロールには込められています。

　アンソニーはインタラクティブ・コントロールの主たる目的が学習する組織の創造を促進することと述べており[9]，**マネジメント・コントロール・システムの運営を通じて学習し続ける組織となることが重要**と考えました。ここで大

---

9　Anthony and Govindarajan（2007，p.471）

事なことは，戦略実行のためのシステムと創発のためのシステムは別個ではないということです[10]。基本は戦略実行のために設計・運営され，運営を活発な対話を促進する形で行うことで不確実性に対処することが念頭に置かれています。つまり，インタラクティブ・コントロールによって戦略実行と創発が繋がると理解されています。

## （2）　ハロルド・ジェニーンの実践

　インタラクティブ・コントロールは，提唱されて以来，管理会計研究の世界では一大テーマとなりました。今日でも多様な議論が積み重ねられています。それらはいずれも興味深いものであるものの，汎用性のある理解を構築するには原点的な事例を押さえることが肝要です。その点でハロルド・ジェニーンの実践は大変示唆的です。

　ハロルド・ジェニーンは，その経営回顧録の『プロフェッショナルマネジャー　〜58四半期連続増益の男』(2004) というタイトルからも分かるとおり，伝説的な経営者の一人です。彼は月次会議を重視しました。そして，月次会議の前提となる月次報告レポートを重視しました。月次報告レポートはマネジメント・コントロール・システムとしては，極端にいえば官僚的・機械的に戦略の実施状況を診断するだけ（しかも現実と乖離しているかもしれないもの）のために利用することもできます。そのような悪い意味でのレポート依存問題は，マネジメント・コントロール・システムに対する批判として代表的なものです。当然，ハロルド・ジェニーンはそういった使い方をしませんでした。経営回顧録から一部を次に紹介します。

> ひとつまたひとつと，われわれは月次報告書を見ていった。私だけでなく，会議の出席者はだれでも，それらの報告書の内容に関係のあることなら何でも言い，質問し，提案してかまわない。（中略）問題が出てくると——わざわざ断るまでもなく，いつも出てくるに決まっていたが——われわれはそれを討議し，そ

---

10　Anthony and Govindarajan（2007，p.473）

の場で解決がつく場合もあった。（p.102，傍点は筆者）

企業競争における"チームワーク"の重要さはだれもが口にするが，ITTはきわめて現実に即したやり方で，ひとつのチームとして行動した。われわれはまず年次予算会議で，競争相手がどう出るかを予測して作戦を立て，つぎに月例経営会議でハドルを組んで（フットボールで，つぎの組み立てを決めるためにプレーヤーがスクラム線の後方に集合すること），どういうプレーを試みるかを決めた。その場で作戦を部分的に修正して進むことができた。われわれは新しいことを試み，すぐまたつぎのハドルでそれを変更することもできた。われわれは迅速に行動し，また反応することができた。（p.112，傍点は筆者）

　補足は不要でしょう。インタラクティブ・コントロールの原点的な事例の一つとなったハロルド・ジェニーンの実践は，月次報告レポートと月次会議を通じて基本戦略の実行と共に戦術レベルそして時に戦略レベルの創発を生み出し続けたと考えられます。

## （3）　戦略の実行と創発の関係をどう考えるか

　管理会計ないしマネジメント・コントロール・システムの世界で持たれている理解の一つは，**実行に秀でる**（execution advantage）**ことが大事**という認識です。これはいくら洗練された流麗な戦略を描いても，実行できなければ意味がないという問題意識があります。そして，戦略の実行はタスク・コントロールの精度を上げ，かつマネジメント・コントロールと連携することが不可欠です。効果的なFP&Aの12の原則も，多くの原則でタスク・コントロールとマネジメント・コントロールを連携させることを念頭に置いています。

　経営計画や予算である程度の枠組みがあっても，実際に成果を上げるのは社内の各部署である責任センターで各現場におけるタスク・コントロールが鍵を握ります（図表1-1のDを冠した部分）。そして，インタラクティブ・コントロールが重要なのは，それによって不確実性に対処しつつ新たな戦略が形成されるとしたことです。言い換えると，実行を工夫する中から創発が起こるこ

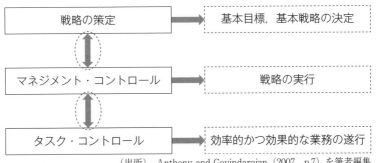

[図表1-11]　経営の3つの階層と関係性

(出所)　Anthony and Govindarajan（2007, p.7）を筆者編集

とが重要です。つまり，図表1-1では戦略の策定や戦略的計画，予算といったPに目が向きがちですが，**実はD，C，Aと冠した部分のサイクルが重要**ということになります。また，図表1-2は**図表1-11のように修正できます。**

　経営の3つの階層はそれぞれ固有の役割があります。しかしながら，3つの階層は一方的な関係ではなく，相互に影響し合う関係があると考えられます。戦略を実行する中で相互に影響し合って各種の変化が起きます。経営は，この関係性をダイナミックに制御することが求められます。

〈本章の参考文献〉

・Robert N. Anthony and Vijay Govindarajan (2007) *Management Control Systems*. 12th Edition. International Edition. New York : McGraw-Hill Irwin.
・Lawrence Serven and Kip Krumwide (2019) Key Principles of Effective Financial Planning and Analysis. *IMA's Statements on Management Accounting*.（https://www.imanet.org/-/media/c91d297df90e4ad090ac72289b26099c.ashx）
・大山健太郎（2020）『いかなる時代環境でも利益を出す仕組み』日経BP社
・昆政彦・大矢俊樹・石橋善一郎（2020）『CFO最先端を行く経営管理』中央経済社
・橋本勝則・昆政彦・日置圭介（2020）『ワールドクラスの経営　日本企業が本気でグローバル経営に挑むための基本の書』ダイヤモンド社
・ハロルド・ジェニーン＝アルヴィン・モスコー（2004）『プロフェッショナルマネジャー　〜58四半期連続増益の男』プレジデント社

## Column　マネジメント・コントロールを巡る議論の多様性と現実の多様性

　本書は伝統的に最も普及してきたアンソニーの考え方に基づいて作成しています。効果的なFP&Aの12の原則を見てもアンソニーの考え方と親和性が高いことは明らかで，アンソニー及び12の原則に沿って標準的な考え方を理解していくことは望ましいと思われます。

　その一方で，マネジメント・コントロールを巡っては様々な議論が進行していることも理解しておく必要があります。率直に言ってマネジメント・コントロールを巡る研究の蓄積は膨大で現在進行形です。本書の中心となるアンソニーだけでなく，他に注目されている論者もいます。また，例えば「コントロール・パッケージ」という表現が注目されていたりします。元来，マネジメント・コントロール・システムは各社各様（多様）で，その有効性は状況によって変わります。したがって，FP&Aとして活躍していくには理論に対する理解を深めると同時に，常に現実を総合的に観察する姿勢が不可欠です。

# 第2章

## 経営目標を立てる前提事項

## Q5 経営理念（ミッション, ビジョン, バリュー）の役割

経営理念は何のために必要なのですか？

**A** 　マネジメント・コントロール・システムの立場から経営理念が何のために必要なのかと問われれば，目標の整合を高めるためと答えられます。

　第1章でも述べたとおり，マネジメント・コントロール・システムは会社全体の全体最適を実現する，もしくは意図した戦略を実行するために目標の整合性を重視します。目標の整合がなぜ重要なのかというのは，いうまでもなく会社組織の中で目標がバラバラでは話が進まないからです。目標の整合は効果的なFP&Aの12の原則のうち特に「アカウンタビリティに関する原則」の原則6から8のように，明示的に目標をつなぎ合わせることが重要です（**図表2-1**）。明示的で論理的でないと，組織的な対応や実行をどう推し進めればよいか分かりません。

[図表2-1] 目標の整合のイメージとポイント

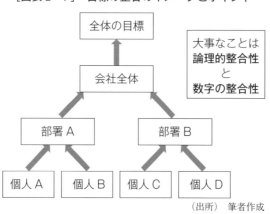

（出所）　筆者作成

　そして，目標の整合は論理や数字の整合性が取れていること以上に本質的に重視すべき点があります。それは**意識レベルで目標の整合性が取れているか**という点です。経営理念は，まさにこの意識レベルでの目標の整合を図る装置として極めて重要な役割を果たします。論理や数字の裏側にある共通理解や意識がある程度一致していないと話が進みづらいのは，想像に難くないと思われます。特に文化や習慣が異なる多くの国々で展開するようになると，会社としてそもそもどういう価値観や目的意識があるのかを明記して共有することの重要性は増します。つまり経営理念は企業文化に影響して目標の整合に影響します。

　一般に経営理念はその会社が何のために存在するかを示すものとして説明されますが，そこで語られる存在意義は意識レベルで目標を整合させる装置として利用できます。また，会社が経営の方向性を試行錯誤する際，例えば何らかの危機や大きな変化に直面する際にも重要な思考基盤として利用できます。

## （1）　企業文化の構築と高い目標の整合

　アンソニーは目標の整合に影響する要因を，非公式なものと公式なものに分けて説明しています[11]。非公式なものとしては，外部要因として会社が存在する経済社会の価値観や倫理観，内部要因として企業文化や経営スタイルなどです。公式なものとしては会社内の様々なルール，そしてアンソニーが考えるマネジメント・コントロール・システムのコアです。これらはいずれも相互に影響するものといえますが，アンソニーは企業文化を最も重要な内部要因としています。なお，図表 1 - 1 でも経営理念と企業文化の関係を意識しています。

　経営理念を通じた企業文化の構築は，高い目標の整合をもたらす土台となります。その上に効果的な FP&A の12の原則を活かすことが肝要です。

## （2）　CFO の役割と経営理念で注意すべき点

　昆（2020）は CFO の役割として，次の 4 点を挙げています（**図表 2 - 2**）。

---

11　Anthony and Govindarajan（2007, pp.98-105）で説明されています。

[図表 2 - 2 ] CFO の役割

1．企業価値の向上
　・戦略設定と実行支援（予算・計算・M&A）
　・価値創造プロセスの推進（イノベーション経営）
2．会計報告と内部統制，リスク管理
3．資金管理と調達
4．組織管理と企業文化のマネジメント
　・CFO 組織の構築と人財育成
　・企業文化構築：財務目標志向と不正を許さない規律

（出所）　昆・大矢・石橋（2020, p.27）を筆者編集

　図表 2 - 2 では，4 つの役割のうち 1 と 4 に関しては内容も含めて引用しました。CFO の第一の役割は企業価値の向上とされています。そして，企業価値の向上にあたって重視されているのが 4 の組織管理と企業文化のマネジメントです。企業文化のマネジメントで重要となるのが経営理念にほかなりません。
　昆（2020）は経営理念（ミッション，ビジョン，バリュー）が用語も含めて会社によって使い方が異なると指摘した上で，**基本的な骨組みは同一である**とします（p.27）。骨組みは**図表 2 - 3** のようなものです。

[図表 2 - 3 ] 経営理念の基本的な骨組み

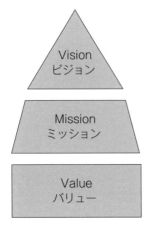

| | |
|---|---|
| Vision ビジョン | 設定したセグメントでどのような社会を実現し，社会的価値を増幅したいか |
| Mission ミッション | ビジョンを実現するために自社が何をなすべきか |
| Value バリュー | ミッションを遂行するために，社員が取るべき行動パターンや思考方法 |

（出所）　昆・大矢・石橋（2020, p.28）

　ビジョンはどのような社会の状態になることが望ましいかを示すもので，ミッションはそのために会社として何を為すかを示すもの，バリューはミッションを達成するための価値観や行動規範を示すものです。なかでも注目できるのはバリューで，昆（2020）は「全従業員が同じベクトルに向かって動く指針」（p.27）と位置付けています。これは意識レベルで目標の整合を高める効果があると考えられます。しかも，ビジョン→ミッション→バリューが一つのまとまりを持っていることから，会社が実現したい状態＝全体最適に向けて意識レベルを統一する骨組みであると言えます。別の観点から言えば，経営理念は企業文化の構築にあって重要な役割を果たします。

　そして，ビジョン，ミッション，バリューという経営理念の基本的な骨組みで注意すべき点が財務目標志向の組み込みです（昆，2020，p.28）。

> 　ここで，CFO として気にかけなければならないことは，ビジョン・ミッション・バリューのピラミッドに財務的目標の達成が組み込まれているかである。（中略）米国企業では，株主に対する財務目標達成と社内の経営管理による財務目標達成の同期をとり，社員にも財務目標達成の意識づけを徹底して行なっている。
>
> 　一方，日本企業では，従業員に対する意識づけが，先ほどのビジョン・ミッション・バリューで，明確にされていない例も散見される。（中略）財務目標達成に向かっていない組織を CFO としてリードしたり，サポートしたりするのは至難の業である。組織を財務目標に向かわせる文化を構築することは CFO として重要な役割である。（傍点は筆者）

　すなわち，経営理念の中に財務目標志向をビルトインすることが肝要です。考えてみれば当然ですが，全体最適は財務の視点を抜きにして成立しません。どういう目的意識なのかを財務の視点で述べておかないと，規律ある経営行動に結びつかない可能性があることに注意が必要です。

## （3） 経営理念の代表的な事例

　経営理念に関しては，世界的に知られているジョンソン・エンド・ジョンソンの事例[12]が代表的です。同社の「我が信条（Our Credo）」は1943年に起草され，2023年時点で80年の歴史を有しています。全部で4つの責任に分けて経営理念が示されていることから，各責任の最初の一文を引用した上で第一と第四に焦点を当てます。

---

・我々の第一の責任は，我々の製品およびサービスを使用してくれる患者，医師，看護師，そして母親，父親をはじめとする，すべての顧客に対するものであると確信する。
・我々の第二の責任は，世界中で共に働く全社員に対するものである。
・我々の第三の責任は，我々が生活し，働いている地域社会，更には全世界の共同社会に対するものである。
・我々の第四の，そして最後の責任は，会社の株主に対するものである。

---

　上記の4つの責任はいずれも内容が素晴らしいので，ぜひ，全文をホームページなどで確認していただきたいです。ここでは財務の視点が第一と第四の責任でどう書かれているかに続けて注目します。

　第一の責任に関しては，後半で次のような部分があります。

---

・我々は価値を提供し，製品原価を引き下げ，適正な価格を維持するよう常に努力をしなければならない。顧客からの注文には，迅速，かつ正確に応えなければならない。我々のビジネスパートナーには，適正な利益をあげる機会を提供しなければならない。

---

　全ての顧客に対して責任を果たす一部として，適正な価格を維持すること，取引業者に適正な利益をあげる機会を提供することが経営理念として明示され

---

12　同社のホームページを参照：https://www.jnj.co.jp/jnj-group/our-credo

ています。自社だけが儲かればよいといった姿勢は全くありません。

　そして，第四の責任として会社の株主に対して次のように説明しています。

---

・事業は健全な利益を生まなければならない。我々は新しい考えを試みなければならない。研究開発は継続され，革新的な企画は開発され，将来に向けた投資がなされ，失敗は償わなければならない。新しい設備を購入し，新しい施設を整備し，新しい製品を市場に導入しなければならない。逆境の時に備えて蓄積を行なわなければならない。これらすべての原則が実行されてはじめて，株主は正当な報酬を享受することができるものと確信する。（傍点は筆者）

---

　第四の責任のキーワードは「健全な利益」にあると思われます。継続的な研究開発投資，設備投資，新製品の開発と投入，財務体質の強化といった全ての原則が実行され，はじめて株主は正当な報酬を受け取ることができるとする説明は，経営の王道を行くものといってよいでしょう。

　近年，パーパス経営が注目されていたりしますが，基本的な狙い・趣旨はここで述べてきたことと共通すると思われます。経営理念の整備と共有は企業文化に影響し，マネジメント・コントロール・システムの有効性に大きな影響を及ぼします。図表1-1で示した関係性を参考に考えを深めてみてください。

## Q6 企業価値を考える

企業価値はそもそもどう考えればよいのでしょうか？

**A** 　会社の経営目標を語る際によく使われる言葉が企業価値です。また，先の Q5で紹介したように，CFO の第一の役割は企業価値の向上です。アンソニーはマネジメント・コントロール・システムがあくまで戦略実行のためのツールであることを踏まえ，戦略が会社の経営目標（goals）を達成するための計画であると位置付けました[13]。そうすると，会社の経営目標（goals）と企業価値をどう結びつけて理解すればよいかということになります。

### （1）　会社の経営目標の特性

　第1章の Q3で述べたとおり，マネジメント・コントロール・システムの大きな特徴の一つとして計画と統制がセットである点があります。エアコンの自

[図表 2 - 4 ]　経営理念と経営目標

| | |
|---|---|
| Vision ビジョン | 設定したセグメントでどのような社会を実現し，社会的価値を増幅したいか |
| Mission ミッション | ビジョンを実現するために自社が何をなすべきか |
| Goals 経営目標 | ミッションを遂行した結果として，達成するべき目標 |

（出所）　昆・大矢・石橋（2020, p.28）を筆者改変

---

13　Anthony and Govindarajan（2007, p.53）

動運転のようにあらかじめ目標となる設定温度が決められるわけでなく，経営目標は会社が自ら設定する必要があります。少なくとも天から降ってくるようなものではありません。

　そして，会社の経営目標は当然，経営理念と結びつく必要があります（**図表2-4**）。

## （2）　経営目標の重要部分としての企業価値

　経営目標は会社が実現したい状態を具体的に示す，もしくは挙げるものとなります。経営方針とその結果として目指す状態を指すものともいえます。経営目標はビジョンと連携して具体化されるものですので，定性と定量の両面を含みます。定性的に語られる実現したい状態があって，それを定量的ないし物量的に示し，財務的に包括することが必要です（**図表2-5**）。財務の側面から包括できなければ，経営方針や経営目標は絵に描いた餅の状態になってしまいます。したがって，経営目標の重要部分として企業価値が位置付けられます。

　企業価値は要するに経済的に満足できる価値を生み出せているかを測定するものです。具体的には ROE（Return On Equity）や EVA（Economic Value Added）といった指標で語られます。企業価値の測定を巡っては実に様々な指標が議論されています。なぜそうなるのかと言えば，万能な指標はないからで

[図表2-5]　経営目標と企業価値

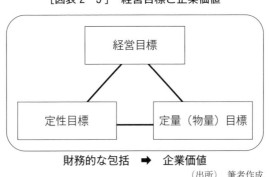

（出所）　筆者作成

す。適用する場面や使い方に応じて適切な指標が変わることに注意が必要です。そして，万能な指標はなくとも，会社が経済的に満足できる価値を生み出せるか，生み出しているかを測定して改善することは必要です。この点でCFOとFP&Aは中心的な役割を担います。

## （3） 企業価値をどう理解して活用していくべきか①

　企業価値は端的には株価や株式時価総額に表れます。ファイナンス理論的には将来キャッシュフローの現在価値が企業価値を測定する基本ないし前提となっています。そして，理論株価やファンダメンタルを表すものとして，各種の計算方法が存在します。それらはいずれも分厚い内容を伴うもので，ともするとそれだけで情報の海に溺れてしまいそうになります。しかしながら，管理会計的には企業価値は収益性の集積ないし結晶という認識を持つことが重要です。言い換えると，会社の稼ぐ力＝純キャッシュフローを生み出す力の集積と

［図表2-6］　FP&A プロフェッショナルの2つのアプローチ

| 企業財務のアプローチ |
| --- |

プロジェクトAのキャッシュ・フロー
プロジェクトBのキャッシュ・フロー
プロジェクトCのキャッシュ・フロー
プロジェクトDのキャッシュ・フロー
プロジェクトEのキャッシュ・フロー

現時点　　時間軸　　永遠

| 管理会計のアプローチ |
| --- |

第1年度の期間利益　第2年度の期間利益　第3年度の期間利益　第4年度の期間利益　……　第∞年度の期間利益

現時点　　時間軸　　永遠
（出所）　石橋・三木・本田（2023, p.140）

いうことです。

図表2-6はCFOとFP&Aがプロフェッショナルとして企業価値を総合的に捉えるイメージです。企業財務すなわちファイナンスの見方と管理会計の見方の両方を用いて最適化することが必要という理解が示されています。これはまさに！ という理解で，企業価値の様々な測定・計算方法の細部に行く前に，全体としてこのイメージを持っておくことが肝要です。

そして，常に心がけるべきこととして，ともかくも企業価値は長期目線で考えることが挙げられます。昆（2020，pp.36-37）は次のように述べています。

> ……CFOが企業経営者として考えなければならないことは，長期視点での企業価値を持続的に上昇させることである。このときに，企業価格である株価をいかに上昇させるかのみに眼を向けたり，短期志向の投資家のみに迎合したりすると正しい経営への支援ができなくなる。
> 　ROE経営においても，長期的な視点でROEを指標に使えば正しい指標となるが，短期的指標にROEを使えば，過度のレバレッジ指標向上施策に走って企業の倒産リスクを高めたり，将来への投資を阻害したりしてしまう可能性がある。CFOが目指す経営においては，企業価値をいかに長期的に高めるかを重視すべきであろう。

図表2-6の企業財務のアプローチからも明らかなように，元々，企業財務のアプローチは長期視点で企業価値を測定することを志向しています。一方，管理会計はやはり1会計年度の利益に注目します。思考法ないし見方として両者を繋ぐ理解を持つことが肝要であるとする時，特に管理会計の側での工夫が両者の連携を実現する鍵となります。図表2-6を作成した石橋（2023）は管理会計のアプローチについて，次のように説明しています（p.142）。

……管理会計のアプローチにおける FP&A プロフェッショナルの目的は，「経営管理プロセスの PDCA サイクル」を回すことによって，期間利益を最適化することにある。企業を永続させるために，いかなる時代環境でも利益を出すことが求められる。しかし，期間利益自体を最大化することが目的なのではない。
（傍点は筆者）

　マラソンにたとえれば，マラソンを走ることの目的は，42.195キロメートルをできるかぎり速く走ることにある。しかし，スタート時点で42.195キロメートルの記録に目標を設定して走ることは現実的ではない。5キロメートルごとに目標を設定して，適切な速さで走ることが求められる。走るスピードが遅すぎては，途中のチェックポイントで足切りになる。速すぎては，ゴールまで走りきれない。

　つまり経営は永続的である必要があり，**期間利益はその為の中間里程**という理解がそもそも必要です。ROE にしても EVA にしても企業価値を中長期的に向上できるよう経営を持続性ある形で推進することが求められます。全く個人的な解釈としては，管理会計は組織を筋肉質にする，体質を強化するためにあると考えています。短期志向の無理なトレーニングやダイエットは逆に体調を悪くします。長期志向で日々鍛錬に励むことで着実に体力を向上させ，競技での対応力を高め続けるイメージで期間利益を捉えることが大切です。

## （4）　企業価値をどう理解して活用していくべきか②

　企業価値を考える上でもう一つ不可欠な理解があります。それは会社の**価値創造プロセスを思考の中心に置く**ということです（昆，2020，p.34）。ROE や EVA，その元となる財務数値の裏にある事業の実態，ビジネスモデルやビジネスプロセスをイメージして内容を洗練させることが思考の中心になければいけません。価値創造プロセスは当然，受け手の顧客の理解があってまず成り立つということ，加えてプロセス全体が顧客に向けて最適化されることが必要です。そこには製品の魅力や技術力，人材力といった様々な要因が関わります。

　そして，企業価値を巡っては従来の経済的価値に止まらない守備範囲の拡大が顕著になっています。**図表2-7**の左から右に向かって拡大するイメージで

[図表2-7]　企業価値に関連する資本の範囲の拡大

| 財務資本 | 非財務資本 | 社会価値 |
|---|---|---|
| （売　上）<br>（費　用）<br><br>現　預　金<br>売　掛　金<br>在　　　庫<br>固　定　資　産<br>無形固定資産<br>投資有価証券 | 知的資本<br><br>顧客資本<br>組織資本<br>人的資本<br>知的資本<br><br>商品・製品ブランド<br>新技術開発力<br>人材育成能力<br><br>従業員<br>サプライヤー<br>内部プロセス<br><br>企業文化 | 財務資本<br>人工資本<br>人的資本<br>知的資本<br>自然資本<br>社会資本<br><br>コーポレートブランド<br>レピュテーション |

（出所）　昆・大矢・石橋（2020, p.38）に矢印を筆者加筆

す。

　SDGs や ESG の流れを受けて，例えば人的資本の開示や社会価値に含まれる自然資本や社会資本の開示を含める動きが活発化しています。それらを含め，会社がどのような価値創造プロセスの状態にあるかを理解し，企業価値を捉えることが求められるようになっていることは注目に値します。

## Q7 戦略実行の不在問題

戦略の実行を重視する理由と効果は何でしょうか？

**A** 効果的な FP&A の12の原則のうち，原則 9 以降の「FP&A をさらに高い次元に高める原則」は明示的に戦略を実行する仕組みを持つことの重要性を示唆しています。土台となる経営管理プロセスを整備する原則 1 から 5，目標の整合を高める原則 6 から 8 を踏まえ，そこに**明示的に戦略実行の仕組みを組み込む**のが原則 9 から12と解釈できます。これは Q6の企業価値との関連で言えば，**価値創造プロセスの最も重要部分に焦点を当てる**ことを意味します。そして，図表 1 - 9 の戦略実行ツールの設計思想とも通じています。

再掲した図表 1 - 9 に原則 9 から12を寄せて補足すると，重要成功要因に基づく具体的な KPIs（重要業績指標）の設定と管理を原則として示していると解釈できます。図表 1 - 9 は極めて重要な思考法です。原則 9 から12と合わせて具体化する際にイメージとして持つようにしてください。

管理会計は戦略の実行を一つの中心的な命題として議論を積み重ねてきました。その行き着いた先の原則が 9 から12に集約されているといってよいでしょ

（再掲）［図表 1 - 9］ 戦略実行ツールとしてのコントロール・システム

（出所） Anthony and Govindarajan（2007, p.471）より筆者作成

う。それでは，なにゆえに戦略の実行をそれほど問題にするのか。端的にはすでに述べたように実行がなければ全ては絵に描いた餅に終わってしまうからです。端的にはそれに尽きるわけですが，実に一言では済ませられない問題です。

## （1）　戦略実行の不在問題の典型と対処法

　いうまでもなく戦略実行とは「戦略」を「実行する」ことを指します。戦略ありきです。しかしながら，戦略がしっかり考えられていないケースは山ほど存在します。ましてや「実行する」意思を明確に持ち続けて，落とし込んで検証できている会社がどれほどあるでしょうか。ただし，図表1－1の戦略の創発から示唆されるように，戦略は必ずしも全て演繹的に作成され持たれるものではありません。我々が考えるべき問題がどのようなものなのか，琴坂（2018）の指摘を見てみましょう。

　たとえば，依然として積み上げ型の年次予算が重視され，それとほとんどひもづかない「ポンチ絵」が主役の経営戦略は珍しくない。また，名ばかりで曖昧な経営ビジョンが申し訳程度にその詳細な数字に添付される状況も散見される。それらは銀行からの借入に必要な資料の一つとして採用されることはあるかもしれないが，残念ながら，ほとんどの従業員の記憶に残らない。(p.112)

　一定規模以上の会社になると予算がない状況はなくなると思われます（中小零細企業では予算を作成していない場合が多数と思われます）。しかしながら，毎年の行事で予算を作成するだけで戦略との連携を真剣に考えていないと，戦略の実行状況を検証することはできなくなります。実績との比較ができるということで，数字を細かく準備すればよいということでもありません。あくまで大事なのは戦略は何なのか，それに基づく数値目標がどうなのかという点です。**戦略と数字の関係を逆転させない**ことが重要です。

……目標にすぎない各種の数値が，手段の目的化により独り歩きする傾向も変わっていない。売上高や営業利益，ROE（株主資本利益率）といった数値目標を経営計画に落とし込むことに時間が割かれ，しかし，その達成のために必要な，具体的に何をするかの説明が漠然としたまま終わる。(p.113)

数値目標と経営計画（行動計画）はセットで準備する必要があります。試行錯誤して両者を納得できる形になるまで擦り合わせることは必要なプロセスです。ですが，数字が合えば終わりというものではありません。何より大事なことは，**何のために何をするかを定める**ことです。

本来，目標設定と同等かそれ以上に重要なのは，それをどのように達成するかである。しかし，それがほとんど議論されない企業も少なくない。多くの場合，具体的に何をするかは「現場への権限移譲」という言葉によって責任放棄されている。(p.113)

効果的な FP&A の12の原則で上記ブロック引用に最も関連するのは，原則10と11です。

原則10：原則9の主要業績評価指標（KPIs）に関して，長期的および短期的な目標を設定する。
原則11：原則10の主要業績評価指標に関する目標を達成するために，プロジェクトを立ち上げる。

具体的に何をするかを経営陣が責任放棄しない形で推進するには，**経営目標と一気通貫する仕組みを持つ**ことが必要です。原則に沿えば KPIs を設定することで重要な焦点を明確に共有しつつ，具体的な取り組みを柔軟性を持つ形で運営するためにプロジェクトを立ち上げることが考えられます。いうまでもないことですが，何を為すかといって個別具体的な行動を一から十まで経営陣や管理者が規定するということにはなりません。

## （2）　戦略実行の不在問題がもたらす重大な影響

　戦略実行の不在問題は，詰まるところ「経営のビジョン，目標，戦略，予算の間に断絶が存在」（琴坂，2018，p.114）することを常態化させます。それぞれが空中浮遊するような状況を生み出します。そして琴坂（2018，pp.113-114）の指摘に従えば，日本企業は次のような傾向と課題を抱える状況になっています。

---

- 全社的な戦略的意思決定が行われず，管理的意思決定と業務的意思決定の積み重ねで，緩やかに全社の方向性の舵取りを行う。
- 創発的な戦略の流れに身を置き，中間管理職が戦術レベルでの提案を無数に積み重ね，その成功体験の蓄積が実質的な戦略的意思決定につながる。

- 多角化した事業の経営管理が未成熟で，環境判断をもとに戦略的な事業ポートフォリオを組み替える戦略的意思決定に慣れていない。
- 経営の雲行きが完全に怪しくなってから，追い込まれるように事業売却を余儀なくされる。

---

　上記の指摘は日本企業の実態として耳が痛いところがあると思われます。第1章のQ4ではインタラクティブ・コントロールの促進の重要性を説明しましたが，日本企業の実態からすると，むしろ戦略と戦略実行がどういうものかをよく踏まえることが必要といえそうです。

## Q8 戦略の基本構造とフィット

戦略の構造をどう理解して構築する必要があるでしょうか？

**A** 　会社の基本戦略の内容，基本構造はどのように理解すればよいのか。この点を続けて説明します。

　経営戦略論という経営学の一大分野があることからも示唆されるように，戦略を巡っては様々な定義や議論が存在します。アンソニーは戦略の定義が様々あることを踏まえ，「戦略は組織が目標を達成するための**行動を計画する一般的な方向性を示す**という理解が持たれている」[14]とします。一般的な方向性を規定するのが戦略にほかならない点が重要です。

(再掲)［図表1-1］　マネジメント・コントロール・システムの全体像

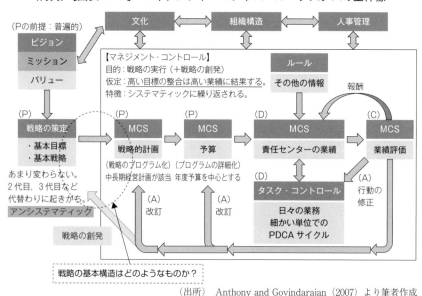

（出所）　Anthony and Govindarajan（2007）より筆者作成

---

14　Anthony and Govindarajan（2007, p.56）

## （1）　全社戦略と事業戦略という階層

　一般的な方向性という時，戦略に階層があることを踏まえることがまず必要です。それが，全社戦略（企業戦略：Corporate-Level Strategy）と事業戦略（Business Unit Strategy）という階層です。

　図表 2 - 8 から分かるように，全社戦略はいくつかの事業の事業戦略を総合するレベルの戦略です。それに対して事業戦略は各事業レベルでの戦略を指します。全社戦略と事業戦略は取り扱う内容が異なってくるものの，重要なことは**両者の間で整合性が取れているか**ということになります[15]。

[図表 2 - 8]　全社戦略と事業戦略の階層イメージ

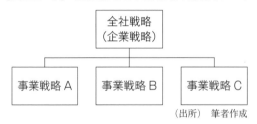

（出所）　筆者作成

## （2）　全社戦略の役割と意義

　アンソニーによれば，全社戦略は取り扱う各事業を適切に組み合わせることが役割です[16]。全社戦略によってどの業界で競争するかを決定し，それを受けて各事業では事業戦略によって競争する業界でどのように競争するかを決定します。したがって全社戦略は会社全体としての**事業の配置**や**資源の配分**に現れます。事業ポートフォリオといった言葉が使われるのも全社戦略を問題にする際となります。

---

15　Anthony and Govindarajan（2007，p.57）
16　Anthony and Govindarajan（2007，p.58）

[図表 2 - 9]　全社戦略を構築する際の問いとオプション

| 戦略のレベル | 鍵となる戦略上の問い | 一般的なオプション |
|---|---|---|
| 全社戦略（企業戦略） | 適切な事業の組み合わせができているか？<br>どの産業・業界にいるべきか？ | ・単一産業<br>・関連多角化<br>・無関連多角化<br>（コングロマリット） |

（出所）　Anthony and Govindarajan（2007, p.58）を筆者編集

　単一の産業や業界で事業を行う場合，全社戦略と事業戦略はイコールに近くなると考えられます。他方，関連多角化と無関連多角化は全社戦略と事業戦略の違いが明確に出てきます。全社戦略の観点からすると，各事業を組み合わせることで会社全体としてどのような付加価値を創出できるかという点が焦点となります。対して各事業は全社戦略を前提にしつつそれぞれで事業戦略を遂行するという位置付けができます。全社戦略の観点で何より考えなければならないのは，「複数の製品群，事業群および職能部門群の間から生まれるシナジーを得ることにより，全社レベルの企業価値が個々の事業部門の価値の総和を上回ること」（石橋，2021，p.90）です。

> 会社全体の企業価値＞各事業の事業価値の総和

## （3）　事業戦略の役割と標準プロセス

　全社戦略は会社全体の方向性や各事業への資源配分を決定するため，もちろん重要です。しかしながら，実際に他社と競争するのは各事業部で，各事業の戦略の適否が最終的に全社戦略の成功を左右します。したがって，事業戦略は**競争優位をいかに生み出し維持するか**が中心的な問題となります[17]。なお，前提として全社戦略による会社全体における各事業部の位置付けや託されている役割やミッションがあることを踏まえることが必要です（事業ポートフォリオ

---

17　Anthony and Govindarajan（2007, p.62）

上の位置）。

　アンソニーは事業戦略で競争優位を築くのに3つの問いを考慮しなければならないとします[18]。

---

　①　事業部が営業する産業（業界）の構造はどうなっているか？
　②　事業部は産業（業界）の構造をいかに活用すべきか？
　③　事業部の競争優位の基礎は何か？

---

　上記の問いの立て方からも示唆されますが，アンソニーはポーター（Michael Porter）の競争戦略論の考え方を採用して競争優位について一通りの説明を行なっています。琴坂（2018, p.222）によれば，事業戦略の立案に関しては経営戦略論の標準的な教科書は定石ともいえる構成を取っており，アンソニーも定石に則っていると思われます。

　それでは，定石とは何か。次の3つの要素で構成されます。

---

　①　外部環境を理解する
　②　内部環境を理解する
　③　競争優位の源泉を決める

---

　すなわち，「外部環境を知り，内部環境を知り，競争優位の源泉を議論することが，事業戦略立案の基本的なプロセス」（琴坂，2018, p.229）であり，アンソニーも同様の立場で問いを立てていると考えられます。そして，最後の3つ目の競争優位の源泉を決めるところでは，ポーターの基本戦略のうち差別化戦略とコストリーダーシップ戦略が典型的な方法となります。

## （4）　基本戦略のフィットの重要性

　第1章Q2の図表1-3で示したとおり，マネジメント・コントロール・シス

---

18　Anthony and Govindarajan（2007, p.66）

テムは基本戦略の存在を前提に組織構造や人事管理，企業文化と高いレベルでフィットする時に高い業績が結果することを想定しています。高いレベルでフィットする状態は，目標の整合が高い状態を指します。しかしながら，そもそも基本戦略が外部環境とフィットしていないと話が崩れてしまいます。したがって戦略を策定する際には，外部環境を分析することが不可欠です。そして，上記の事業戦略の策定プロセスにあるとおり，内部環境の分析を通じて適切な戦略が策定できることになります（**図表 2 -10**）。

図表 2 -10の下に Q7の冒頭で再掲した図表 1 - 9 が連なるイメージを持つようにしてください。そうすると，戦略の策定→マネジメント・コントロール・システムの設計と運営が一気通貫するイメージになると思います。また，Q4の図表 1 -11で述べたように，戦略の策定はいったん策定して全て終わりとはなりません。外部環境と内部環境は絶えず変化する可能性があるため，経営の３つの階層を制御しながら適切に戦略の創発（修正）を行うことが求められます。つまり，フィットし続ける意思を持ってコントロールすることが必要です。

[図表 2 -10] 戦略策定のフレームワーク

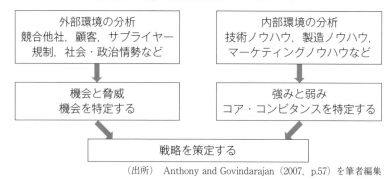

（出所）　Anthony and Govindarajan（2007, p.57）を筆者編集

## （5）　基本戦略のフィットから見た日本企業の課題

競争優位は究極的に「同等のコストでより良い顧客価値を提供するか，より

低いコストで同等の顧客価値を提供すること」[19]で生じます。戦略を巡って様々な要素に触れてきましたが，**常に立ち返るべきは顧客価値に対して自社がどう貢献できるかを問うことです**。また，顧客価値の創造に向かう価値創造プロセスとして価値連鎖の把握と分析も極めて重要です。「顧客価値」と「価値連鎖」は戦略を練ったり再考したりする際の重要なキーワードになるので，ここで言及しておきます。

　そして，最後に強調しておきたいのが全体最適です。本書の最初に申し上げたとおり，マネジメント・コントロール・システムは全体最適のために存在します。部分最適ではありません。日本企業は日本型事業部制とも言うべき組織体制の弊害が指摘されています[20]。端的に言えば各事業部の力が強すぎて本社が弱いことに伴う弊害です。本田（2023，p.120）は「日本企業はグランド・デザインがない中，強い現場がKAIZENを進め，部分最適になる傾向が強いのではないか」として，グランド・デザインの必要性を主張しています。また，松田（2019，p.59）は「部分最適の単純合計は必ずしも全体最適にはなりません」として，本社の投資家としての機能強化が必要としています。

---

19　Anthony and Govindarajan（2007，pp.68-69）
20　松田（2019，pp.60-65）は事業部制の制度疲労や利益代表化した経営陣の問題を論じています。

## Q9 利益目標の基本的な位置付け

利益目標は最大化するべきものでしょうか？

**A** ここまで経営目標を立てる前提を説明してきました。本章の最後に利益目標の基本的な位置付けを説明しておきたいと思います。Q6で説明した中間里程としての利益や，Q7で説明した戦略と数字の関係を逆転させないことを踏まえた利益目標の立て方を説明します。効果的な FP&A の12の原則に関連するところとしては，原則1から3が関連します。

結論から言いますと，利益目標は最大化しなければならない目標ではありません。最大化といういい方は，例えば株主価値の最大化とか企業価値の最大化といった形で使われたりします。株主価値にしても企業価値にしても長期的なキャッシュフローの現在価値として計算するものです。理論的には時間軸が長期で取られるわけですが，実際には短期利益の最大化という話が生じがちです。短期利益の最大化のために必要な投資や経費の計上の抑制を伴ったりするとなると，あまり褒められません。投資や経費は適切な考えの下で手当てすることが必要で，その一方で利益をないがしろにするわけにはいきません。利益ということだけにフォーカスすると，話が単視眼的になってしまいます。大事なことは**何のための利益で，どういう総合として利益目標を持つか**ということです。

### （1） 利益をより良く述べる方法：満足できる利益

アンソニーは株主価値の最大化といった考え方を否定しました。そして，より良く利益を述べる方法として「満足できる利益（satisfactory profit）」を提示しました。この満足できる利益という考え方は，ハーバート・サイモン（Herbert Simon）に依っています。ご存じの方も多いと思いますが，サイモンは1978年にノーベル経済学賞を受賞しており，限定合理性などの用語で有名です。ここではアンソニーが提示した満足できる利益という考え方を把握する

ことを目的に，サイモンの著作から関連すると思われる箇所を紹介します。な
お，サイモンはコンピュータ・サイエンスや心理学にも通じた経営学者でした。

> 　現実の複雑さに直面して，企業は，最善の解が得られない問題に対し，十分
> に良い解を与える手続きに頼るのである。コンピュータを使おうが使うまいが，
> 現実の世界で最適化は不可能である。そのため現実の経済主体は，多いよりも
> 少ないほうが良いからではなく，それ以外に選択の余地がないがゆえに，「十分
> 良好な」代替案を受け容れる，そういう人間すなわち満足化を追究する人（sat-
> isficer）なのである。[21]

　上記ブロック引用で重要なのは，厳密な意味での最適化は不可能であくまで
満足できる解を企業は追求するとしていることです。サイモンのいい方に沿え
ば，ここまで述べてきた全体最適や部分最適はそれぞれ会社全体として満足で
きる解＝全体最適，部署単位で満足できる解＝部分最適と位置付けられます。
また，サイモンが不可能としている最適化は，最大化と言い換えてよいと思わ
れます。

　そして，アンソニーは満足できる利益の例として，ヘンリー・フォードの経
営哲学を紹介しています[22]。その骨子は，適度な利益は正しいが多すぎてはい
けないこと，自動車の価格を可能な限り引き下げて多く行き渡らせユーザーや
労働者に便益を提供することです。結果として巨大な利益を得ることになった
とも述べられています。これは利益を長期的な目線で捉えること，中間里程で
捉えることと相通じています。

　アンソニーは，ほとんどのマネジャーは株主だけでなく他の利害関係者のた
めにも倫理的で利益以外の会社の他の目標と合致した行動を取るとします[23]。
これは株主価値だけでなく，多様な利害関係者に配慮した結果として利益を確
保することを思考していると考えられます。つまり満足できる利益は会社に関

---

21　サイモン（1999，p.35）
22　Anthony and Govindarajan（2007，p.55）
23　Anthony and Govindarajan（2007，p.55）

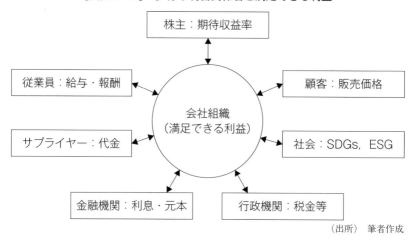

[図表 2-11]　多様な利害関係者と満足できる利益

（出所）　筆者作成

わる利害関係者に配慮した結果として，会社自身が満足できる水準を主体的に決める値となります。

　図表 2-11はざっくりとしたイメージです。経営学の教科書の最初に出てきそうなイメージですが，それだけに利益目標を算定する基礎として不可欠といえます。

## （2）　インテルの事例に見る満足できる利益の設定

　図表 2-12はインテルの年度予算書の目次です。これは石橋（2021）で紹介されており，インテルでの組織業績と個人業績の両方を管理していくための構成として紹介されています。この構成は従業員と組織の目標の整合を高めると考えられます。そのことに加えて筆者が注目するのは，従業員に対する報酬を満足できる利益を達成する最初の明示的なステップにしていることです。

　組織業績の目標の前に従業員に対する報酬の目標を置き，しかる後に顧客やサプライヤー，組織体制，設備投資といった順番で満足できる利益を達成するためのステップを準備していると解釈できます。もちろん，入口としてまた出口として掲げられる利益目標は株主の期待収益率に適う水準が設定されるもの

[図表 2 -12]　インテルの年度予算書の目次

```
Ⅰ．概要
  1．従業員の業績賞与に関する業績目標　　　　　　　：P. 1～P.13
  2．年度予算　　　　　　　　　　　　　　　　　　：P.14～P.31
   （1）　売上高（Revenue）予算
   （2）　CPU の TAM/SOM
   （3）　経費（Expense）予算
   （4）　人員数（Headcount）予算
   （5）　設備投資（Capital）予算
Ⅱ．詳細
```

（出所）　石橋（2021，p.17）

と考えられます。予算編成の詳細は第 5 章で取り上げますが，利益目標を達成するための典型的な仕組みである予算は，本来，関連する全ての利害関係者に対する配慮を総合した結果として編成するものです。つまり利益目標は単なる利益の目標ではなく，関連する全ての利害関係者に対する配慮を総合した数値目標として設定することが必要です。

## （3）　古田土会計の事例に見る満足できる利益の設定

　中小企業に対する外部 CFO ないし外部 FP&A として注目できる会計事務所が古田土会計（古田土経営）です。創業者である古田土満氏は利益目標の立て方を次のように説明しています。

> 「利益とは，社員とその家族を守るためのコストであり，事業存続費である」
> ということからスタートして，今年度の経常利益を算出しています。[24]

　先ほどのインテルと同様にまず従業員，続けて組織を持続するコストとして利益目標を立てる姿勢があることが分かります。図表 2 -13は，具体的にどの

---

24　古田土（2019，p.219）

ように思考を進めるかを示したものです。

　従業員に始まって金融機関，組織体制の維持・存続，サプライヤー，顧客といった利害関係者を考慮しながら利益目標を立てるプロセスになっていることが理解できると思います。この作成プロセスには他に次のような説明が付されています。

[図表 2 -13]　利益目標の立て方

社員と家族を守るためにいくらの利益が必要か？

利益とは，社員とその家族を守るための
コストであり，事業存続費である

| 潰れない会社にするために，1人当たり1,000万円の純資産額（内部蓄積）を目指そう | 借り入れを毎月返済しても今の預金が減らないだけの利益が必要だ | 社員のために決算賞与を前期よりも多く払えるだけの利益増加額をベースにしよう |

(1)　そのため，来期はこの利益を目標にする必要がある

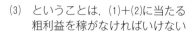

(2)　来期はこのくらいの固定費がかかるだろう

(3)　ということは，(1)+(2)に当たる
　　　粗利益を稼がなければいけない

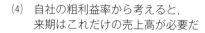

(4)　自社の粗利益率から考えると，
　　　来期はこれだけの売上高が必要だ

（出所）　古田土（2019, p.218）

　このときに，経営計画策定時点での貸借対照表（B/S）をよく読み込み，自己資本比率や借入金の残高，現預金の額などを把握した上で，自分の会社をより潰れにくい会社にするために今年度はいくら内部留保すればいいのか，借入金の返済をしても現預金が減らないようにするために必要な利益はいくらか，決

算賞与を払うことを目指し，そのために利益をいくら増やせばいいのか，といったことを考慮して来期の目指すべき利益を計算します。[25]

……社員の数，社会の情勢の中で考慮すべき指標などから内部留保の目標が出せるはずです。この内部留保が出せるだけの税引後利益はいくらかが分かり，さらにそこから経常利益の目標値が導き出せます。[26]

　会社をより良い財務状態とすることを目的に内部留保，自己資本比率と借入金，現預金，税負担に目配せをし，決算賞与もしっかり出すことを含めて利益目標を立てることが説明されています。CFO と FP&A の第一の役割は長期的かつ持続的な企業価値の向上です。満足できる利益はそのための鍵となる概念です。関連する全ての利害関係者に配慮して利益目標を立てることが，経営目標を立てる大きな前提であることを理解していただきたいと思います。

### 〈本章の参考文献〉

- Robert N. Anthony and Vijay Govindarajan (2007) *Management Control Systems.* 12th Edition. International Edition. New York : McGraw-Hill Irwin.
- 石橋善一郎（2021）『経理・財務・経営企画部門のための FP&A 入門』中央経済社
- 石橋善一郎・三木晃彦・本田仁志（2023）『CFO と FP&A』中央経済社
- 古田土満（2019）『熱血会計士が教える会社を潰す社長の財務！勘違い』日経 BP 社
- 琴坂将広（2018）『経営戦略原論』東洋経済新報社
- 昆政彦・大矢俊樹・石橋善一郎（2020）『CFO 最先端を行く経営管理』中央経済社
- ハーバート・A・サイモン（1999）『システムの科学』（第 3 版）パーソナルメディア
- 松田千恵子（2019）『グループ経営入門　〜グローバルな成長のための本社の仕事〜』（第 4 版）税務経理協会

---

25　古田土（2019，p.219）
26　古田土（2019，p.219）

## Column　FP&A プロフェッショナルに求められるコアスキル

　筆者は，これからの FP&A プロフェッショナルに求められるコアスキルの一つがコンセプチュアル・スキルにあると見ています。これは昆（2020，p.87）が指摘したことを支持して言うのですが，会社が目指すべき方向性や状態を何らかの言葉などで表現するスキルが最も肝要と思われます。パーパス経営はまさにそのことを論じていると思われ，ソニーの「感動」経営は代表的です。一言ないし一文で自社の存在意義や方向性，課題を示すのです。

　ご存じのようにソニーは多様な事業を展開しています。グローバルで多様な人々が多様な仕事をしています。そのような会社で高い目標の整合を実現するには，会社の存在意義を端的で多様な解釈ができながら一定の方向性を指し示す言葉が重要です。他にも事例は多数ありますが，大企業だけでなく中小零細企業でも自社の存在意義や方向性を一言ベースのコンセプトで表現することを議論してみると，意識レベルの目標の整合が高まるかもしれません。

# 第3章

営業部，製造部，スタッフ部門の
責任分担

## Q10 土台としての責任分担を明確にする責任会計制度

責任会計制度を持つ目的は何でしょうか？

**A** マネジメント・コントロール・システムは大きく構造（structure）とプロセスに分けることができます。プロセスは図表1-1の戦略的計画や予算の編成から始まって業績評価に至り繰り返される一連の流れを指します。これに対して構造はプロセスが適切に機能する土台です。その典型が責任センターの配置で，図表1-1（6頁）で言えば「責任センターの業績」と書かれたボックスがこれに当たります。

### （1）　組織図を整備する

大企業の場合，組織図はすでに整備されているでしょう。しかしながら日本企業の場合，組織図は整備されていても責任分担，なかでも財務的な責任が徹底されていない印象があります。もしそうであれば，ここで説明していく責任センターが自社でどう設計・運営されているか考えてみることをお勧めします。責任センターの配置は会社全体の全体最適を実現する土台として不可欠です。各組織単位の責任がどう定義され，整合性を持つ形で組み上げられているかを考えることは，経営の質を向上させます。

他方，中小企業の場合，特にスタートアップで組織が急成長する会社などでは組織図を責任センターの発想も含めて整備することの有用性はいくら強調してもし過ぎではありません。中小企業ではどうしても仕事が属人化しやすく，そのことが成長の足かせとなることが少なくないからです。組織ないし会社として機能するには，責任センター概念を含む組織図を前のめりで整備すべきです。

このことを強力に印象付ける事例があります。ユニクロやG.U.を運営する

ファーストリテイリング社の事例です。1990年代初頭のまだ中小企業だった頃から20年以上にわたって急速に成長してグローバル企業となっていったファーストリテイリング社で監査役を務めた安本隆晴氏は，同社のコンサルティングの手始めとして「真っ白な模造紙に，あるべき姿の組織図を描く」[27]ことを行いました。その結果が**図表 3 - 1**です。

[図表 3 - 1]　1990年 9 月当時のユニクロ（旧小郡商事）の組織図

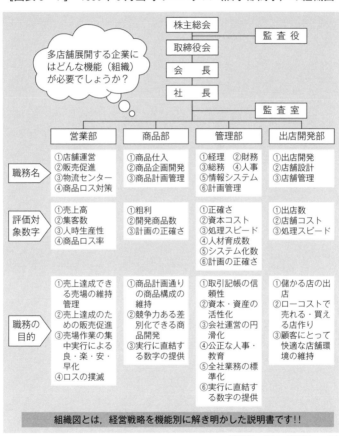

（出所）　安本（2012, p.47）

---

27　安本（2012, p.45）

　この組織図の面白いところは，部門名の下に職務名，評価対象数字，職務の目的を明示していることです。図の中にはそこまでは載っていませんが，元の資料ではさらに下に部長やリーダー，担当者の名前を書き入れていたそうです。

　責任センターに関する知識がある人であれば，この組織図が明確に責任センターないし責任会計の思考に基づいて作成されていることが分かるでしょう。**最終的に担当者まで特定し責任を持たせる**。これが責任センターを配置するということです。

　なお，この組織図を後述する責任センターの概念で説明すると，営業部は評価対象数字に売上高が入っていることから収益センター，商品部は粗利が評価対象数字であることから利益センターと位置付けられます。残る管理部と商品開発部は売上や利益が評価対象数字となっていないのでコスト・センターといえるでしょう。営業部が売上に注力し，商品部が粗利に注目した商品開発と供給に責任を持つ。結果，売上を伸ばしながら規律ある形で粗利益を確保する。そこから管理部や商品開発部を含め販管費を一定水準に抑えながら各仕事の目的に沿った成果を生み出し，会社として「満足できる利益」つまり全体最適を達成する。このような解釈が可能です。

　図表3-1にも書かれていますが，安本氏は組織図が経営戦略を機能別に解き明かした説明書と位置付けています。本書でこれを補足するとすれば，責任センター概念と結びついた組織図は**経営戦略の実行を役割別・担当者別に明確化する**ツールということになります。

## （2）　責任会計制度を持つ意味

　繰り返しになりますが，役割分担や責任分担というところまでは，ある程度できているという会社は多くあるでしょう。しかしながら，責任会計制度までをきっちり整備して運営できている会社となると，少なくなる可能性が高いと思われます。

　責任会計制度が整備できているという内容は，財務的な責任と権限が明確になっていることを指します。財務的な責任と権限を明確にするのは，配置され

た各責任（財務的責任）が適切に履行されることで会社全体の利益目標＝全体最適が達成できるからです。いくら役割分担や責任分担を整備しても，責任会計制度が合わせて整備されないと，全体最適＝利益目標は実現できません。また，責任会計制度の整備で大事なのは，財務的な責任を明確にすると共に責任を果たすのに必要な権限も明確にすることです。一時期，話題となった責任だけ求められて権限がないといった某社の店長や管理職のような状態はナンセンスです。責任と権限を対のキーワードにして責任会計制度は整備されなければなりません。この点は順次，各責任センターの説明で言及します。

## （3）　財務指標に加えて非財務指標を活用する

　効果的な FP&A の12の原則でいえば，責任会計制度は原則6から8の「アカウンタビリティに関する原則：当事者意識を強化する文化を作る」土台です。各原則で触れられているとおり，責任会計制度は財務指標だけに止まりません。合わせて非財務指標ないし業務に関わる各種指標を取り込みます。図表3-1でいえば，例えば商品ロス率や開発商品数，処理スピード，人材育成数などが該当します。

　財務指標だけでなく非財務指標を含める理由は，財務指標の裏側にある事業実態を適切にコントロールするためです。業務の実態が意図した方向で動く結果として財務指標が向上する流れを作ることが重要です。そして，このことは原則の9から12までと繋がる話で，戦略に基づく KPI を適切に設定することが求められます（図表1-9（18頁）を合わせて参照）。

　なお，財務指標と非財務指標については，現場に近いほど非財務指標が主となり，経営に近いほど財務指標に重点が置かれる傾向があるとの理解があります。後述するアメーバ経営では違うスタイルがありますが，一般論として現場では業務の処理スピードや商品ロス率が重要な指標となり，経営では ROE や EVA が重要な指標になるということです。

## Q11 責任会計制度における責任センター（責任分担）の基本分類

### 責任センターはどのように分類・配置されるのでしょうか？

**A** 責任センターは「活動に責任を持つ管理者によって率いられる組織単位」[28]と定義されます。そして，会社は責任センターの集合体であり，会社内で責任センターは階層を形成します。現場の小さい組織単位から始まって，最終的に会社全体を責任センターと捉えて組織を整備することが，管理会計では伝統的に考えられてきました。

責任センターはマネジメント・コントロール・システム全体がそうであるよ

[図表3-2] 責任センターの配置例

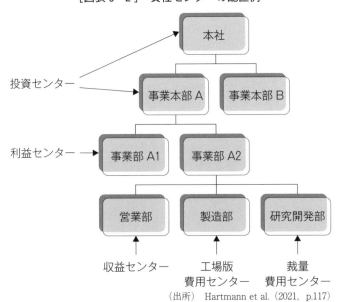

（出所） Hartmann et al.（2021, p.117）

---

28 Anthony and Govindarajan（2007, p.128）

うに，目標の整合を図るというキーコンセプトの下に設計され運営される必要
があります。伝統的に責任センターは事業部制組織を念頭に，**図表3-2**のよ
うな配置が典型例と捉えられています。

## （1）　責任センターの配置例と目的

　図表3-2を上から見ていきましょう。

　会社全体となる本社や様々な事業部を束ねる事業本部は投資センターとして，
投下資本利益率（ROI: Return On Investment）や残余利益（RI: Residual
Income）といった指標によって業績を測定・評価します。各事業部は販売組
織と製造組織といったライン組織に加えて，研究開発部やその他のスタッフ組
織を有します。販売と製造はいい換えると収益と費用の両方に目配せができる
ことから，各事業部は利益業績が問われる利益センターとなります。投資セン
ターとの違いは利益センターがあくまで「利益の絶対額」で評価されるのに対
して，投資センターでは投下されている資本に対する「利益の水準（比率）」
が問われる点にあります。

　利益センターの各事業部の中では，販売組織である営業部が売上によって業
績評価が行われる収益センター，製造組織（工場）が工場版の費用センター（工
場版コストセンター），研究開発部やその他のスタッフ部門が裁量費用セン
ター（裁量コストセンター）として位置付けられます。

　繰り返しになりますが，このような責任センターの配置は会社全体で全体最
適を達成することを目的としています。例えば，会社全体（投資センター）で
目標とする投下資本利益率を達成することを目指し，各事業部（利益センター）
に利益目標を持たせ，各事業部の営業部（収益センター）に売上目標，製造部
（工場版コストセンター）には原価目標，スタッフ部門（裁量コストセンター）
には費用目標を持たせます。そして，各組織が課された目標を達成することで，
会社全体の全体最適を実現します。

## （2） 責任センターの種類

　先に全体のイメージを持っていただくために典型的な配置例に基づいて説明を行いました。次に，各責任センターの種類について説明をします。

[図表3-3]　責任センターの種類

| 収益センター | アウトプットが貨幣で測定され，管理者は収益に責任を持つ。 |
|---|---|
| コスト・センター<br>（費用センター） | インプットが貨幣で測定され，管理者はコストに責任を持つ。 |
| 利益センター | 収益と費用（コスト）の両方が測定され，管理者は利益に責任を持つ。 |
| 投資センター | 利益と投資の関連が測定され，管理者は投資と利益に責任を持つ。 |

（出所）　Hartmann et al.（2021，p.119）を元に筆者作成

〈収益センター〉

　収益センターの典型は営業部です。要するに売上（＝アウトプット）を立てることに責任を持つ組織が対象です。そして売上を立てることに何より責任を持たせることから，売上を立てることに伴うコスト（＝インプット）との関連付けは基本的に想定しません。何より売上＝収益に集中して責任を持ってもらうというのが趣旨です。ただし，実際には営業部の人件費や経費等にも責任を持つことがあります。

〈コスト・センター〉

　コスト・センターは2種類あります。一つは工場が想定される Engineered コスト・センター，もう一つはスタッフ部門（人事・経理や研究開発など）が想定される Discretionary コスト・センターです。Engineered はインプットとアウトプットの関連付けがされることを指しており，要するに原価計算が確立していることが前提です（製品一個当たりの原価が計算できる仕組みが確立し

ている）。対して Discretionary は単語の意味が「裁量に任された」とか「一任された」などで，先の Engineered のようにインプットとアウトプットの関連が確立していないことが特徴です。代表的な研究開発部門はインプットとなる人件費や開発費用とアウトプットとなる研究開発の成果との間に，少なくとも工場の生産状況を原価計算で捉えるような関係は見出せません。

〈利益センター〉

　利益センターは，その名のとおり利益に責任を有する組織単位を指します。利益に責任を持つことの前提は収益と費用の両方に影響力を発揮できることです。典型的には図表3-2でいうところの事業部 A や B が当たります。事業部の中には営業部と製造部があり，スタッフ部門もあったりします。したがって，収益と費用の両面で工夫や対応ができると考えられるわけです。

　利益センターの典型は上記のとおりですが，同じく事業部を利益センターと位置付けても利益責任の内容が異なったり，事業部以外でも利益センターと位置付けるケースがあったりします。詳細は第4章で後述します。

〈投資センター〉

　投資センターは利益センターの特別な種類として理解されています[29]。すでに責任センターの配置で説明しているように，ある程度の規模までであれば金額としての利益を見ていればよいのですが，一定規模以上となってくると投下資本に対する利益の水準（率）を見ることが必要となります。そこで一つの区分ないし種類として投資センターが置かれるわけです。図表3-2でいう事業本部や本社が該当し，かなり規模感が大きいです。投資センターは利益だけでなく投下資本＝使用している資産の取扱いをどうするかも論点となります。

---

[29]　Anthony and Govindarajan（2007, p.270）

## Q12　営業部（収益センター）の責任の定義と効果

営業部は具体的にどのような責任分担となるでしょうか？

**A** 　収益センターの業績管理は基本的に販売価格や製造コストを所与として，売上予算と実績の比較によって行います。したがって，一般に**営業部は売上予算に対する実績の進捗率が最も重要**となりますが，注意すべき点があります。それは，単に売上予算に対して実績が足りればよいというわけではないことです。売上予算は計画する際の状況を前提に作成されています。しかし，実際には売上を巡っては経済状況や業界動向の影響を受け，事態が変化しており，予算に対する実績だけをモニターするだけでは判断を誤ることがあります。例えば実績が予算に対して進捗率が上回っていても，実は市場シェアが下がっているといったことが起こるかもしれません。業界それ自体が上向きであれば起こり得る現象です。売上そのものよりも業界における位置の方が会社として重要であることはいうまでもありません。

### （1）　売上に焦点を当てるメリットとポイント

　営業部を収益センターという責任センターとして見立て運営する最大のメリットは，焦点が売上という一点に絞られることです。会社が取り扱っている商品やサービスを誰に対してどのように販売していくか，この一点に意識を集中させることのメリットは大きいです。また，売上予算の作成と営業部の具体的な責任を連係する上でのメリットも見逃せません。

　図表3-4は会社全体の売上目標と営業部の各営業マンまでの連係のイメージです。営業マン別に得意先と製品の売上が紐づいているのが分かると思います。そして，営業マン別の売上が課や部の売上目標と合計され，最終的に会社全体の売上目標となります（目標設定の際には全体から各組織へ割り当てる流れで調整されます）。責任会計の考え方で見れば，営業部という組織単位（責

任者である営業部長）だけでなく営業部に所属する営業マン一人一人までが責任会計の担当者であり責任者となります。

　また得意先や製品と紐づけることで，得意先別や製品別の売上の動向や分析も行うことができます。営業マンそれぞれの営業方法の検討，得意先に対する提案，製品展開の再考などを 3 つの切り口を同時に持つことで実施できます。大事なことは，ざっくりと売上目標を立てるだけで止めるのではなく，具体的にどの得意先にどの製品やサービスをどの営業マンや販売チャネルで売っていくのか，細部を重視して全体の目標との整合性を確保することです。**具体性を保持することが何より重要**です。

[図表 3-4]　会社全体の売上と営業部との連係イメージ

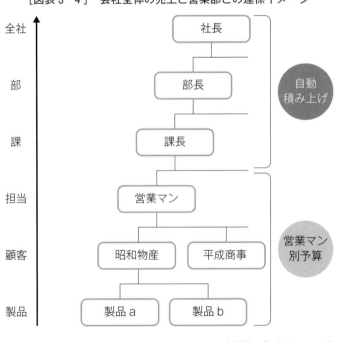

（出所）　林（2007，p.127）

## （2） 売上に焦点を当てるデメリットと対応策

収益センターは**図表3-5**にあるように，基本的には部門にかかる人件費や経費とアウトプットとなる売上の間に関連性を持たせないで，あくまで売上に焦点を当てる位置付けとなります。

しかしながら，それゆえに独特な問題を生じさせる場合があります。例えば特定の営業マンが多額の接待交際費を使用して大口の売上を獲得するといったケースがあったりします。大幅な値引きや多額のリベートを払っていたりするケースもあったりします。当然これらは，売上は立つものの利益はわずかか赤字に陥る可能性があります。ところが，営業部は売上を立てることが全てとして，さらに賞与を売上成果に連動させるよう設定をしていると，問題が深刻化したりします。また，売上は立つものの回収がされない，もしくは遅れるといった問題が生じるケースもあります。回収の遅れは運転資金に悪影響を及ぼします。

このような問題に対応する一つの方策は，営業部を収益センターと定義せず，利益センターとすることです[30]。接待交際費や値引き，リベートの有無を売上に対応させ，収益性を営業マン別，得意先別，製品別に可視化するのです。また，回収状況を営業マン別や得意先別に可視化して責任の所在を明確にする工夫があってもよいです。林（2007）は営業部の基本責任を貢献利益責任と回収

[図表3-5]　収益センターのインプットとアウトプット

（出所）　Anthony and Govindarajan（2007, p.132）を筆者編集

---

[30]　内部統制等のルールで対応することも考えられます。一般にはそちらが多いと思われます。

責任としており（p.125），筆者も同意するところです。

　少なくとも売上の多寡だけに目を奪われず，収益性の多寡で判断していくことが必要です。そのためには粗利益や貢献利益を売上と共に併用していくことが望ましいと思われます。

## （3）　売上だけでなく顧客価値に注目して非財務指標を活用する

　効果的な FP&A の12の原則は全体を通じて財務指標だけでなく非財務指標を用いることを強調しています。それは財務的成果の背後に非財務指標＝業務実態があり，業務実態が向上する結果として財務的成果が生じることを理解しているからです。これを収益センターに当てはめると，やはり売上や粗利益，貢献利益だけでなく有効な非財務指標を用いることが必要となります。

　収益センターに必要な非財務指標がどのようなものか具体的に定める前に押さえておかなければならない点があります。それは売上の背後には顧客価値が存在するという点です。顧客は価値を感じなければ購入しません。そこには様々な要因が影響します。非財務指標を用いればそれらを部分的ないし組み合わせることによってある程度は推測できます。しかしながら，非財務指標もあくまで何らかの数値でしかなく，構造を捉える解釈が必要です。解釈は様々なレベル感があってよいですが，本質的に顧客価値を捉える姿勢が不可欠です。

　そして，財務指標と非財務指標の関連を考える上で忘れてはいけない視点が，**売上そのものが顧客価値や製品及びサービスの価値を語っている**ことです。要するに売上が立っているということは，顧客が支持している背景があります。したがって，基本的に売上の中身として割合が高いものが顧客から支持を受けていることに正対する姿勢が必要です。その上でなぜそのような売上になっているかを，非財務指標を通じて解釈を豊かにしていくイメージで検討することが有用です。一般に20：80のパレートの法則といわれることが，売上の構造＝顧客の支持の構造に現れます。それを踏まえて現状と未来を，非財務指標を通じて考えることが FP&A の重要な役割だといえます。

## （4） 成城石井の事例に見る売上の構造と顧客価値へのフォーカス

　ご存じの方が多いと思いますが成城石井は高級スーパーマーケットとして有名です。店舗に行けば分かるように，他のスーパーマーケット同様に多数の商品が置かれています。**図表 3 - 6** は成城石井の売上構造を整理したものです。

［図表 3 - 6 ］　商品の売上の構造

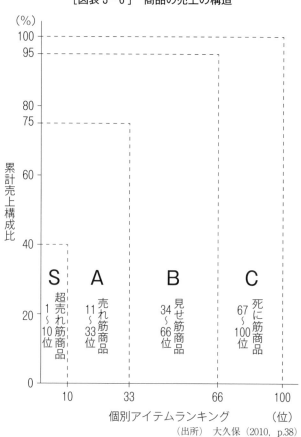

（出所）　大久保（2010，p.38）

　前述のパレートの法則が表れていることが分かります。A ランクの商品まで全体の売上の75％が占められています。B 商品まで含めると，全体の売上の95％になります。数万点ないし数十万点単位で置かれている商品の中から上位66位までの商品売上を積み上げた結果です。これは成城石井を利用している顧客が支持している商品が何かを示しています。

　そして，この顧客の支持の構造を踏まえた営業施策が重要となることはいうまでもありません。基本的な方向性は顧客が支持している理由を突き詰めて，その価値を引き上げ続けることです。図表 3 - 6 の出典である大久保（2010, pp.36-41）では，S 商品の「超売れ筋商品」を思いっ切り売り込むことを説明しています。思いっ切り売り込むとは，値下げをせずに売ることができる商品，しかも非常によく売れている商品の商品棚を大胆に拡大して売ることを指します。

　一方，成城石井の魅力は置かれている商品の多様性にあります。したがって，売上上位商品だけを並べるわけにはいきません。売り場全体の魅力も顧客価値を支えています。そのバランス感覚は重要ですが，実際の売上の構成を踏まえ施策を集中させてよい循環（＝値下げをせず（利益率を犠牲にせず），商品回転率を上げる）を作ることが肝要です。大久保氏は値下げすることの弊害を強力に主張されていますが，筆者も同意見です。値下げは悪い循環を生み出す元凶で，例外的な薄利多売を旨とする会社以外は選択しない方が無難です。

　他にも新商品を投入していくことなども含めて成城石井を全体として価値ある場所，魅力的な場所にし続けることが重要です。なかでも，現場に近いところでは非財務指標が重要になるという点で，成城石井の取り組みで注目できる点があります。それは「挨拶」や「クリンリネス」，「品切れ削減」を重視していることです（p.36）。店舗の現場では徹底的に挨拶や清潔さ，欠品防止にこだわるわけです。成城石井を支持する顧客の心理は，快適な店舗空間にかかっています。店舗の軒先で売上に躍起になっていれば，おそらく殺伐とした店舗空間になってしまうでしょう。それでは本末転倒です。非財務指標と財務指標は，こういった常識的な理解に基づいて組み合わせて使うことが肝要です。

## Q13 製造部（コスト・センター）の責任の定義と効果

製造部は具体的にどのような責任分担となるでしょうか？

**A** 製造部は Engineered コスト・センターと位置付けられます。**図表3-7**にあるように，アウトプット一個当たりの原価が計算できる，インプットとアウトプットの関連付けができるようになっている組織単位であることが前提です。インプットとアウトプットの間の関係が確立され原価計算ができる体制があれば，必ずしも工場だけに適用されるものでもありません。繰り返しの作業が連続するような部署であれば，Engineeredコスト・センターと位置付けることは可能です。例えば倉庫や物流，スタッフ部門における繰り返しの事務作業などを行う部署が考えられます[31]。他にも病院の手術室なども場合によっては考えられます。

［図表3-7］ Engineered コスト・センターのインプットとアウトプット

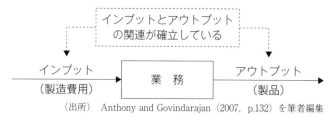

（出所） Anthony and Govindarajan（2007, p.132）を筆者編集

## （1） 製造部の基本責任と直接責任

製造部が Engineered コスト・センターとされることから示唆されるように，

---

31 Anthony and Govindarajan（2007, p.134）

財務的責任は何よりコストとなります。しかもアウトプット一個当たりのコストが大事です。損益計算書でいえば，売上高の次にくる売上原価＝製造原価を計画通りに収めることが求められます。ただし，単に製造原価だけを予定どおりに収めれば終わりということにはなりません。製造製品の品質であったり納期であったりと製造部が担う責任は，他のセンターと同様に財務だけでなく非財務の領域にまたがります。

　林（2007）は製造部の基本責任が品質，コスト，デリバリーの３つにあるとして，次のように述べています[32]。

----

……顧客が要求する納期（Delivery）に間に合わせることは言うまでもありません。納期確保だけでなく，「素早く作る」という意味で「リードタイムを短縮する責任」に置き換えたほうが適切だと思います。

　顧客の要求する品質（Quality）を保つことも不可欠です。いくら納期に間に合っても，顧客側の品質検査に通らなくては返品となるからです。そして，原価を目標以下に抑えること（Cost）です。

　これらは相互に関係しています。品質が悪いと検査，手直し，仕損が追加的に生じ，コストは高くなります。そうなると，納期遅れにもつながります。

----

　さらに，製造の過程で生じる直接コスト以外の間接コスト（発生費用）を予算内に抑えることが求められます（直接責任）[33]。

## （2）　標準原価（予定原価）の２つの役割

　会社全体で満足できる利益を達成するために製造部が持つ財務的責任のコスト目標の具体化は，標準原価ないし予定原価に依ります。標準原価は過去に実績があり目指すべき水準となるもの，予定原価は必ずしも過去に実績はないものの関連する経験も含めて予定として目標とする水準です。そして，標準原価ないし予定原価に対して実際原価がどう推移するか，両者の差異を埋めること

----

32　林（2007, p.130）

33　林（2007, p.131）

によって最終的に利益目標を達成することが意図されます。収益センターが売上の目標と実績を比較して進捗率を見るのと同様に，製造部はコスト・センターとして標準原価を軸に実際原価をコントロールすることが求められます。つまり，製造部の原価目標としての役割が標準原価にはあります。

そして，標準原価は製造部と営業部の責任を切り分けるもう一つの役割があります（**図表3-8**）。

すなわち，標準原価を仕切価格として用いることで，製造部はコスト・コントロールに集中し，営業部は実際原価の変動に影響を受けることなく販売活動に集中できます。責任会計の徹底を図る上で，標準原価の役割は重要です。

なお，近年では標準原価を直近の実際原価とするケースも見られます。コスト競争が激化している業界の場合，標準原価を改めて設定しても陳腐化する可能性があります。そこで，十分にコスト・コントロールができていることを前

[図表3-8] **標準原価による責任の切り分け**

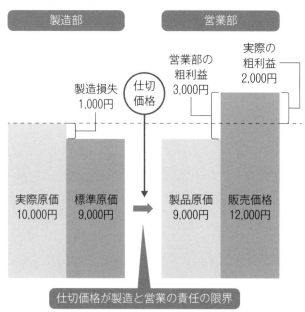

（出所）林（2007, p.123）

提に直近の実際原価を標準原価として利用する場合があります。

## （3）「原価計算基準（仮案）」に見る責任会計思考

　日本で公的な管理会計の基準は，唯一「原価計算基準」のみです。昭和37年（1962年）に公表されました。「原価計算基準」が公表される5年ほど前には仮案が存在しました。最終的な「原価計算基準」は企業会計原則の一環としての役割を重視して，管理会計で重要な箇所が削除されました（仮案に比べて進化した部分もあります）。削除された部分の中で製造部の責任会計思考として重要と思われる第6章五三「内部報告としての原価報告」の一部を紹介します[34]。現在でも十分に通じる製造部の責任会計のあり方が記されています。

---

1　原価報告は，（中略）各階層の経営管理者に対しその原価管理の必要と目的に応ずるようにこれを作成提供する。これがために，
　(1)　現場管理者層に対しては，金額よりもむしろ数量，時間等の物量原価をもって具体的，且つ，詳細に報告し，上級管理者層に対しては総括的に金額数字をもって報告する。
　（中略）
2　原価報告は，報告を受け取る経営管理者の権限と責任に応ずるように，その内容を管理責任の範囲に限定して，これを作成する。（中略）
3　原価報告は，例外の原則に従い，標準を著しく離脱した異常な事項に経営者の管理の注意を集中せしめるようにこれを作成する。

---

34　仮案のアドレス：https://www.jstage.jst.go.jp/article/lecgsa/12/0/12_kJ000009657459/_article/-char/ja/

## Q14 スタッフ部門（コスト・センター）の責任の定義と効果

スタッフ部門は具体的にどのような責任分担となるでしょうか？

**A** 収益センターや Engineered コスト・センターと違い，スタッフ部門の Discretionary コスト・センターはアウトプットが必ずしも財務的なものとなりません。収益センター（営業部）であれば売上，Engineered コスト・センター（製造部）であれば製造原価といったアウトプットが会社の利益目標に直接リンクしますが，スタッフ部門はアウトプットが業務上の成果である点が特徴的です（業務上の成果は財務上の貢献も含みます）。

スタッフ部門で生じるコストは，あくまでインプット・コストです。この点の認識はかなり重要です。スタッフ部門は経営企画部，経理部，財務部，法務部，人事部，研究開発部といった部署が挙げられます。これらの部門でかかる人件費や経費は全てインプット・コスト，サービスや成果を生み出すために必要と判断されたコストということです。

そして，Discretionary コスト・センターの最大の特色は，インプットとアウトプットの間の関連が Engineered コスト・センターのようには確立していない点にあります。一般には確立しないからこそ，Discretionary コスト・セ

[図表 3 - 9 ]　Discretionary コスト・センターのインプットとアウトプット

（出所）　Anthony and Govindarajan（2007，p.132）を筆者編集

ンターでは戦略的にアウトプットを定めることが重要になります。

## （1） アウトプットを戦略的に特定する

　もう一度，図表3-1（55頁）を見てみましょう。図表3-1でいえば，Discretionary コスト・センターは管理部と出店開発部が該当します。管理部は様々な職務が含まれていますが，番号で職務名と評価対象数字（KPI），職務の目的が対応していると思われます。出店開発部の場合も同様です。

[図表3-10] 管理部の職務名，評価対象数字，職務の目的

| 職務名 | 経理 | 財務 | 総務 | 人事 | 情報システム | 計画管理 |
|---|---|---|---|---|---|---|
| 評価対象数字 | 正確さ | 資本コスト | 処理スピード | 人材育成数 | システム化数 | 計画の正確さ |
| 職務の目的 | 取引記帳の信頼性 | 資本・資産の活性化 | 会社運営の円滑化 | 公正な人事・教育 | 全社業務の標準化 | 実行に直結する数字の提供 |

（出所） 安本（2012, p.47）を元に筆者作成

　例えば経理の場合であれば，アウトプットを経理処理の正確さに特定します。そして，正確な経理処理を会社の成長スピード，規模の拡大に合わせて実現できる体制や方法を考えて必要な人員数や設備＝インプット・コストを決めます。中小企業から大きく飛躍しようとしたタイミングであったことを考えると，経理体制の確立は当時のユニクロにとって重要な取組みだったと思われます。他の職務に関しても目的に照らしてKPIが設定されたことが分かります。もちろん，これは代表的なものと思われることから実際にはより詳細な内容があったかもしれません。それでも，本質的で最も骨格となる理解をどう持つべきかを示唆していると思われます。

　スタッフ部門は従来その名のイメージから間接部門であるとして，インプット・コスト（人数や体制）を最小化することが是とされることがありました。しかしながらスタッフ部門を考える上で本質的に重要なのは，アウトプットを

特定し，必要なインプットを見定めることです。安本（2012）は管理部門の人数比率が話題になることを踏まえ，次のように述べています（p.76）。

> 結局，問題なのは単なる管理部門の人数比率ではなくて，その人たちにどのような仕事をやってもらうかです。経営者や営業・技術・現業部門をサポートするのに必要不可欠な仕事を，どのように組み立てて実行するかがキーポイントなのです。（傍点は筆者）

## （2） ラインとスタッフの共創で強靭な価値連鎖を作る

スタッフ部門がアウトプットを特定する際に持つべきは，ライン部門の生産性を向上させるにはどのようなサポートが望ましいかという見方です。また，ラインとスタッフというような区分けではなく，両者が一体となって会社全体としての生産性が上がるように取り組むことが本質的に重要です。ポーター流にいうと，いずれの部門も会社の価値連鎖を構成しており，命題はいかに価値連鎖を効果的で効率的なものとするかです。例えばどのように取り組むか，安本（2012）の説明を紹介します（p.76）。

> 顧客への請求書発注業務を経理担当がやるのか営業担当がやるのか，仕入れ先からの請求書チェックと支払業務を財務担当がやるのか購買担当がやるのか等々，日々守備範囲の問題が起きています。どちらの部門で行うのが効率的で正確にでき，おまけに内部牽制（間違いや不正の予防・発見）にも役立つかを冷静に比較して考えれば，自ずと結論は出ます。どの部門の人たちも一緒に会社を成長させたいと考えているのであれば，必ず最適な解答はそこにあります。

さらに，会社の規模が大きい，もしくは大きくなる際には特に管理部門の強化が重要な意味を持つようになります（p.74）。

> 　経営の実績数字を見ながら，常にどういう戦術をとっていくべきかを考える部署である管理部門こそ，「経営の本質」を見抜くことができる部署であると同時に，販売，生産，購買などの現場をよく知る会計思考できる人材を張りつけるべきだと思います。

　安本（2012）は管理部門が会社の生産性を左右するとして，上記の主張をしています。これは明らかに FP&A 人材の配置の必要性を主張しています。

## （3）　インテルの CFO 組織における取り組み

　効果的な FP&A の12の原則では，原則9以降で FP&A をさらに高い次元へ進める原則が示されています。なかでも原則11では，KPIs を達成するためにプロジェクトを立ち上げることが述べられています。アウトプットを戦略的に定めるだけでなく，継続的にモニターすることが当然重要です。この点でインテルの CFO 組織における取り組みは示唆に富んでいます。

[図表 3 -11]　CFO 組織の目標設定（抜粋）

| 目　標<br>(Objectives) | 点数 | 主要な成果<br>(Key Results) | | | |
|---|---|---|---|---|---|
| | | 達成度<br>0 % | 達成度<br>50% | 達成度<br>100% | 達成度<br>125% |
| 1．ペンティアムプロセッサの前年度実績に対する原価削減率 | 10点 | | | | |
| 2．トレジャリー部門が稼いだ超過の金融利益額 | 10点 | | | | |
| 3．CFO 組織主導による全社における経費削減額 | 10点 | | | | |

（出所）　石橋・三木・本田（2023，p.38）

　図表 3 -11は抜粋ですが，CFO 組織というスタッフ部門として自部門だけでなくライン部門に関与して成果（アウトプット）を生み出すことが目標として

明記されていることが分かります。石橋（2020）によれば，当時のインテルの CFO 組織は月次会議で討議するべき戦略課題を指定して報告させ，本社 CFO を含む十数名の事業部コントローラーのグループによる討議が行われていました（p.128）。また，本社 CFO はこのプロセスによって「全社最適に向けた戦略の形成と実行ができる環境を作る」（p.129）ことを狙っていました。

　つまり，スタッフ部門は意識的かつ戦略的にアウトプットを定め，継続的に取り組む体制を作ることが重要です。現業部門との共創次第で会社の生産性は大きく変わります。

## （4） FP&A の重要ツール：財務モデリング

[図表 3 -12]　FP&A の重要ツールとしての財務モデリング

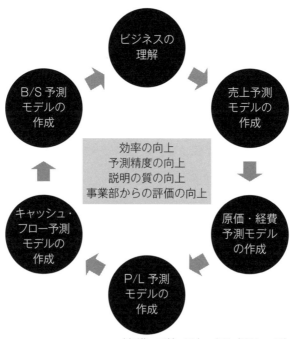

（出所）　石橋・三木・本田（2023, p.76）

　スタッフ部門のあり方次第で生産性が大きく変わる事例として，FP&A ならではの取り組みがあります。それが財務モデリングです。三木（2023, pp.74-77）は外資系教育・出版社で FP&A として計画作成をモデル化したことを紹介しています。

　三木（2023）によれば，この財務モデルを作成することで計画作成における「作業量を大幅に減少させることができ」，「そこに至るまでの作業が，ビジネス，利益，キャッシュ・フローのドライバーを理解させてくれた」とのことです（p.76）。**図表 3-12**で重要なことは，ビジネスの理解が基点となって一連の財務モデルの作成が繋がっていることです。**ビジネスの理解が中心にないと財務モデリングは実際には威力を発揮しません。**この点，三木は今後，AI の活用などによって財務モデリングが自動化された場合に，肝心のビジネスに対する理解が空洞化するのではないかとの懸念を示しています（pp.76-77）。ビジネスの業績を左右するドライバーが何なのかという問いは，FP&A がビジネスパートナーとして真価を発揮する最大のポイントです。

## （5）　ビジネスパートナー概念と独立性

　そして，FP&A が大きな貢献を果たす鍵概念がビジネスパートナーという概念です。詳しいビジネスパートナー概念の説明は他書に譲りますが，スタッフ部門が会社の生産性を大きく向上させるにはライン部門との協働が必須です。そこで必要になるのがビジネスパートナーとして認知してもらえるか，どこまで信用されるかです。注意が必要なのは，ビジネスパートナー概念は決して馴れ合いではないという点です。三木（2023）は「お互いが切磋琢磨できる関係にあることが大切だと考えており，そこには独立性が大きく影響を与える」（p.83）としています。つまり，ライン部門に対して専門的な観点から率直に意見が述べられる状態が望ましいということです。ビジネスパートナーとしての認知度と独立性の両方が揃って FP&A は十分な活躍が可能になります。

〈本章の参考文献〉
・Robert N. Anthony and Vijay Govindarajan (2007) *Management Control Systems*. 12th Edition. International Edition. New York : McGraw-Hill Irwin.
・Frank G.H. Hartmann, Kalle Kraus, Göran Nilsson, Robert N. Anthony and Vijay Govindarajan (2020) *Management Control Systems*. Second European Edition. London : McGraw-Hill Education.
・石橋善一郎・三木晃彦・本田仁志（2023）『CFO と FP&A』中央経済社
・大久保恒夫（2010）『実行力100％の会社をつくる！』日本経済新聞社
・昆政彦・大矢俊樹・石橋善一郎（2020）『CFO 最先端を行く経営管理』中央経済社
・林總（2007）『［新版］わかる！管理会計』ダイヤモンド社
・安本隆晴（2012）『ユニクロ監査役が書いた強い会社をつくる会計の教科書』ダイヤモンド社

## Column 「原価計算基準」の特色と先進性

　「原価計算基準」が作成された時期とアンソニーの初版が発表された時期（1965年）は近く，両者は理論的に符合する部分があります。筆者の私見では，経営を3つの階層で捉える発想や現場には物量，経営には金額や財務といった見方が例えば共通しています。「原価計算基準」の特色は様々な角度から説明できますが，本章の特にスタッフ部門との関連でいえば管理活動にも製造活動と同様にインプット→プロセス→アウトプットを想定していることがあります。最終的な「原価計算基準」だけですと，そこまで読み取るのは難しいものの，仮案と作成の中心者だった中西寅雄先生の論文を読むとそのような考えが持たれていたことが分かります。中西先生は経営そのものが給付の連鎖だと考えていた節があり，管理活動を含めた価値連鎖全体を原価計算の対象として考えていたと思われます。活動基準原価計算にも通じる発想が根底に持たれていたことも含め，その先進性と普遍性は驚くばかりです。

第 4 章

事業部や会社全体の責任と
利益責任の応用

## Q15 事業部や会社全体の責任

事業部や会社全体の責任はどう定義されるでしょうか？

**A** 　図表3-2からも分かるように，責任センターの配置からいえば事業部や会社全体は基本的に利益センターとなります。つまり利益責任が財務的には中心になります。満足できる利益を定め，その目標を適切に達成することが求められます。

　利益センターは「財務業績が利益によって測定される」時，投資センターは「利益が使用資産と比較される」時に名称が当てられます。第3章のQ11で説明したように，投資センターは利益センターの特別な種類と考えられており，利益額のみが評価される場合は利益センター，何らか投下資本（使用資本）ないし使用資産と利益が比較されて評価される場合は投資センターとなります。

[図表4-1]　利益センターのインプットとアウトプット

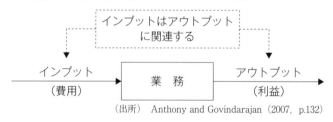

（出所）　Anthony and Govindarajan（2007, p.132）

[図表4-2]　投資センターのインプットとアウトプット

（出所）　Anthony and Govindarajan（2007, p.132）

## （1）　利益指標の意義

　事業部や会社全体が利益責任を基本的に負うというのは，おそらく誰の目にも明らかでしょう。少なくとも会社全体でいえば利益が適切に確保されないと存続が難しくなります。しかしながら，会社存続のためだけに利益指標が有用であるわけではありません。端的にいえば，利益指標は効率性と効果性の両方で有用な指標です。

　効率性という点では，利益指標はそもそもの計算構造，つまり収益から費用を差し引いて計算することから効率性の指標として使えます。一方，満足できる利益を達成することは，組織の存在意義を財務的に確保したことを意味します。つまり利益指標は効果性の指標にもなり得ます。効率と効果の両方を，利益指標を通じて考えることができるという点に利益指標の意義があります。

## （2）　利益責任を果たす土台としてのキャッシュ・フロー責任

　第 2 章の Q6 で企業価値の観点から利益をどう捉えていくべきかを説明しました。そこでは会社は永続的である必要があり，利益指標は短期で最大化するという考え方ではなく中間里程としてより高いパフォーマンスとなるよう取り組み続けることが肝要と述べました。また，価値創造プロセスを思考の中心に置くことの重要性を同じところで述べましたが，価値創造プロセスと利益の創出はセットで考えるべきものです。会社が持つ価値創造プロセス（価値連鎖）に即して，どのような費用のかけ方が効率的で効果的な利益創出に繋がるかを短期と長期の両方で考える必要があります。

　そして，事業部と会社全体の利益責任を考える上で外せない点があります。それはキャッシュ・フロー責任[35]です。利益はキャッシュに変換されて初めて成果が実現します。したがって，事業そのものや会社全体に責任を持つ事業部や会社は発生ベースの利益で終わりではなく，キャッシュ・フローの創出と管

---

35　林（2007，p.121）

[図表 4 - 3 ] 事業部と会社全体の責任

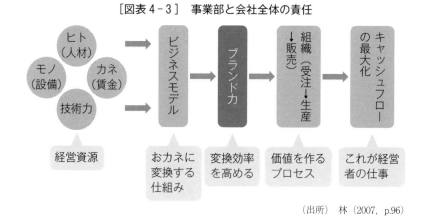

（出所） 林（2007, p.96）

理に責任を持つことが必須です。

　キャッシュ・フローに責任を持てるのは，事業部を統括する事業部長や会社の経営者になります。収益センターやコスト・センターの管理者では一部しか責任を持てません。

　キャッシュ・フロー責任は最低限，資金繰りに行き詰まらないことといえますが，満足できる利益を継続的に実現するのに必要なキャッシュ・フロー経営を推進することが事業部長や CEO 及び CFO 組織には求められます。そのためには，**図表 4 - 3** にあるとおり，創出するキャッシュ・フローを大きくしていく**優れたビジネスモデルを構築して洗練する**ことが不可欠です。林（2007）は経営者の仕事を優れたビジネスモデルの構築としており[36]，事業部の管理者や会社の経営者はビジネスモデルの強靱化を追求する必要があるといえます。

## （3） キャッシュ・フロー経営の要諦

　図表 4 - 3 でいっているキャッシュ・フローの最大化は，厳密にいえば営業キャッシュ・フローの最大化と考えられます。そうだとした場合，営業キャッ

---

36　林（2007, p.94）

[図表 4 - 4]　キャッシュ・フローの構造

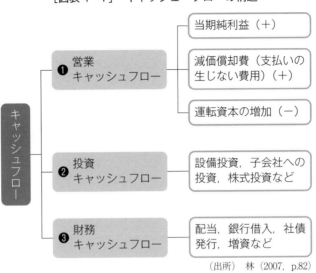

（出所）　林（2007，p.82）

シュ・フローの最大化はどうすれば実現できるでしょうか。それは満足できる利益を継続的に実現することが大前提になります。

　図表 4 - 4 の❶にあるとおり，営業キャッシュ・フローの起点は利益の多寡です。そこに減価償却費などの非資金項目と運転資本の増減が影響します。そして，キャッシュ・フロー経営で最も重視されるのが，❶から❷を差し引いたフリー・キャッシュ・フロー（FCF）です。FCF の黒字と財務キャッシュ・フロー，手元資金の規律を守りつつ，投資キャッシュ・フローを適切に管理して営業キャッシュ・フローを増大させていくことが，キャッシュ・フロー経営の要諦です。

## （4）　キャッシュ・フローの可視化とキャッシュ・フロー責任

　そして，キャッシュ・フロー経営を推進する際に有用な可視化手法があります。それがウォーターフォール・チャート，滝グラフです。ソニーの決算説明会資料では，キャッシュ・フローの分析として滝グラフが用いられています。

図表 4 - 5 はソニーの金融部門を除いた連結ベースでの１年間のキャッシュ・フローをまとめたものです。

　キャッシュ・フロー計算書を見慣れていないと図表 4 - 5 は解釈しにくいかもしれません。この滝グラフによる可視化が優れているのは，一番左の期首の手元資金残高（正確には現預金－借入金のネット資金残高）から始まって，一番右で最終的な期末時点での手元資金残高が示されていることです。期首から期末に向かって，キャッシュがどのように変動したのかを一覧できます。この可視化は例えば銀行通帳で会社の手元資金残高を月末に確認し，月初との間でどのような動きがあったのかを可視化する方法として利用できます。もちろん月間（月次）でなく四半期，１年間で利用することも可能です。

　ソニーというグローバル企業におけるキャッシュ・フローを一枚で可視化できているわけで，どのような企業規模でも同様の可視化ができます。中小零細企業であれば，より簡易なグラフとなることが予想されます。これによってキャッシュ・フロー責任を果たすためのバランスを見ることができます。

　期首から期末に向けてキャッシュがどのように動いたのかを見ていく際は，

［図表 4 - 5］　滝グラフによる

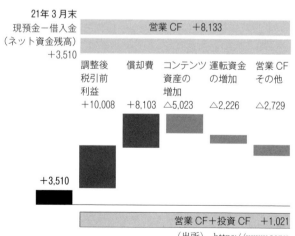

（出所）　https://www.sony.

やはり営業 CF，投資 CF，財務 CF というキャッシュ・フロー計算書の枠組みで見ていくことが有用です。なお，図表 4 - 5 では「その他」となっている部分が財務 CF に該当します。

　キャッシュ・フロー計算書の枠組みに従って例えばの説明をします。

　営業 CF は，やはり調整後税引前利益の稼ぎの大きさから始まって実際にはキャッシュが動いていない各種の償却費（代表的には減価償却費）が足され，そこから運転資本の増加などによってマイナスしています。結果，8,133億円の営業 CF が稼ぎ出され，そこから未来に向けた投資 CF が7,111億円ほど引かれます。営業 CF と投資 CF の差し引きの結果である FCF（フリー・キャッシュ・フロー）は1,021億円の黒字です。「その他」と記載されている財務 CF は資金調達や返済といったキャッシュの手当てに関する場所で自己株式の取得や配当の支払が見られます。FCF は1,021億の黒字であるものの，財務 CF のキャッシュ・アウトフローが黒字額を上回っています。結果，期末の手元資金残高は2,442億円と期首よりも減りました。

　図表 4 - 5 は金融部門を除いているので，最終的には金融部門を足した全体

キャッシュ・フローの可視化

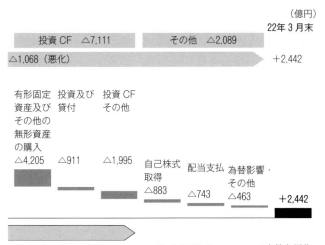

のキャッシュ・フローを見る必要がありますが，一般的な事業部門の例を通じてキャッシュ・フロー責任を果たすことが手元資金，営業 CF，投資 CF，財務 CF の間でバランスを取ることにあることを理解してもらえればよいです。

　繰り返しになりますが，短期的には営業 CF の起点となる利益額が重要です。また，中長期的には投資 CF が効果を発揮するように投じられて営業 CF によい循環で跳ね返ってくるようにすることが必要です。最後の財務 CF を通じては，財務基盤の安定性を維持・向上させる取組みが不可欠です。

## Q16　利益責任の典型と留意点

利益責任は典型的にどのように設計され，その留意点は何でしょうか？

**A**　利益センターは元々，米国企業の歴史である職能別組織から事業部制組織への発展の中から生じました。会社組織が大規模化して，同時に分権化が必要とされました。分権化に伴っては，いかに会社全体のバランスを保つかが重要となります。**分権と集権をどのようにバランスさせるか**が，大きな一つの命題となりました。そこで生じた一つのアイデアが，財務的に利益センターを会社内で持つようにすれば利益センターの合算で会社全体としての整合性が保てるという考えでした。

### （1）　事業部制とデュポン・チャート・システム

図表 3 - 2（58頁）でいうところの事業部より上が利益責任の典型となります。営業と製造，スタッフ部門（研究開発）を備える会社内会社のような組織を前提に利益責任を求めます。上總（2008, pp.1-2）によれば，1950年以降に事業部制組織とセットで代表的な業績評価指標となる ROI（投下資本利益率）に基づく体系的な管理会計システムが導入されていきました。

他にも伝統的な管理会計の様々な技術は，基本的に米国企業の事業部制を前提に開発されたものです。上總（2008, p.2）によれば，直接原価計算，差額原価分析，資本予算，長期利益計画，貢献利益法，活動基準原価計算，バランスト・スコアカードなどがそうであり，これらは「事業部制組織と予算管理の下で生起する管理会計問題に対する『解決策』の提示」（p.2）でした。

事業部制組織と ROI をセットで導入するということは，責任センターの種類で言うと投資センターが適用されていったことを意味します。図表 3 - 3（60頁）に基づいて既述したように，投資センターの規模感はかなり大きいです。

88

利益センターと同様に利益額も大事ですが，ROI の分母である使用資本ない
し使用資産の管理も大事になります。そして，ROI に基づく体系的な管理会
計システムの中心がデュポン・チャート・システムでした（**図表４-６**）。

図表４-６はじっくり見る価値のあるチャートです。現在でも中心的な管理
会計の思考フレームワークです。一番左側に資本利益率＝ROI があり，そこ

[**図表４-６**] **資本利益率の分析（抜粋）**

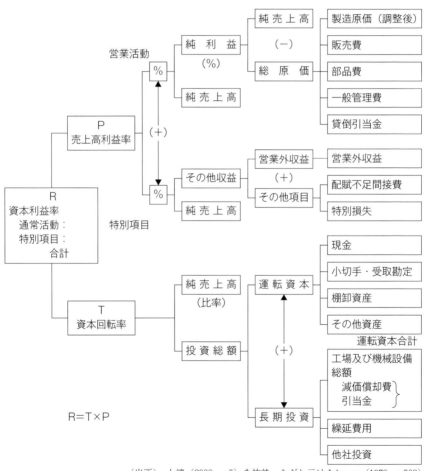

（出所）　上總（2008, p.5）を抜粋，ただし元は Johnson（1978, p.509）

から上段に売上高利益率，下段に資本回転率と分かれます。そこから上段は本業と本業以外の利益率に細分され，下段は投資総額が運転資本と長期投資に分かれています。上段の売上高利益率は損益計算書，下段は貸借対照表の流動資産（運転資本）と固定資産（長期投資）で構成されています。厳密に言えば少し違うところもありますが，重要なことは細部ではなくこのチャートによって事業部の財務的なトータルパフォーマンスを捉えていることです。

　このチャート・システムを事業部などの管理単位で適用すれば，各投資センターの業績を ROI によって捕捉して内容を分解して要因を検討することができます。また，会社全体が一つの投資センターであり，傘下の各投資センターの合計であることから，本社や社長が全体を俯瞰して経営を考えられます。さらに「管理単位ないし管理者ごとに集計・報告する会計システムを構築すれば，容易に予算管理を展開できる」（上總，2008，pp.5-6，傍点は筆者）点が重要です。単に測定できるだけでなく管理に使えることが，デュポン・チャート・システムを決定的に有用なものとしました。

## （2）　利益責任を表す管理会計用の損益計算書の作成と活用

　利益センターを機能させるには，管理会計用の損益計算書を用いることが必須です。どの利益概念に責任を求めるか，利益センターの**権限**に応じて**設定**します。**図表4-7**はあくまで一例です。利益概念については文献や会社によって名称や定義などが異なったりしますが，趣旨や目的を押さえることが肝要です。

　売上高から変動費を差し引いた限界利益と利益センターで直接発生する固定費（人件費等）を差し引いた貢献利益は，利益センターが直接管理できる利益概念です（その意味で直接利益と言ったりもします）。限界利益や貢献利益に責任を求める，つまり管理者の業績評価や報酬に結びつける場合は，変動費や利益センター内の固定費の発生に対して管理者が権限を持てることが前提になります。なお，限界利益と貢献利益によって利益センターは取り扱っている事業に関する損益分岐点分析ができます。

[図表4-7] 管理会計用の損益計算書の一例

| 売上高 | 1,000 |
|---|---|
| 変動費 | ▲500 |
| 限界利益 | 500 |
| 利益センターの（個別）固定費 | ▲300 |
| 貢献利益 | 200 |
| 管理可能な本社経費（共通固定費） | ▲30 |
| 管理可能利益 | 170 |
| その他の本社費配賦（共通固定費） | ▲20 |
| 利子及び税引前利益 | 150 |
| 法人税等 | ▲50 |
| 税引後純利益 | 100 |

（出所）　Anthony and Govindarajan（2007, p.195）を筆者改変

　貢献利益から管理可能な本社経費を差し引くと管理可能利益となります。管理可能な本社経費の趣旨は本社サービスの利用度合いを規律あるものにすることと，本社経費の発生そのものに対して牽制する効果も期待します。そこからその他の本社費配賦を差し引いて利子及び税引前利益を計算し，法人税等を差し引いて税引後純利益を算定します。利子及び税引前利益に責任を求める場合は，利益センターでは管理不能なその他の本社費配賦についても負担を求めることを意味します。法人税等の負担は，例えばいくつかの国で展開していて適切な節税が可能な場合などに責任を求めることが考えられます。

　そして，管理会計用の損益計算書を作成した上で，どう活用するかという点では管理業績（management performance）と経済的業績（economic performance）を区別することが重要です[37]。管理者の業績評価を行う利益概念を定める一方，会社全体の観点から利益センターが経済主体として満足できる利益を達成できているかを見る利益概念を別に定めます。

---

[37]　Anthony and Govindarajan（2007, p.194）

## Q17　統合指標を考える

会社全体や事業部の統合指標はどう考えればよいでしょうか？

**A**　会社全体やある程度規模が大きい事業部を前提にすると，前述の Q16で紹介した全体のパフォーマンスを測定する統合指標はデュポン・チャート・システムに繋がる投下資本利益率が基本になります。しかしながら，第 2 章の Q6で述べたように，万能な指標はなく，実際には適用する場面や対象に応じて使い分けることや組み合わせることが必要です。

繰り返しになりますが，歴史的には ROI とデュポン・チャート・システムが1950年以降，広く普及していきました。その一方で ROI に対する批判と共に登場し，理論的に優れているとして支持されたのが RI（Residual Income：残余利益）です。RI は現在でいえば EVA に引き継がれており，ROI と EVA は企業の統合指標を巡る代表的な存在として現在に至っています。

## （1）　ROI の基本的な計算式と含意

ROI は，その名のとおり投下資本に対する利益で表現されます。後述する EVA との比較でいえば，**比率であること**が特徴です[38]。そして，分子には事業部や会社全体で稼いだ利益として適切と考える利益概念を取り，分母には使用している資産ないし資本を取ります。

$$（各種の）ROI＝\frac{適切な利益概念}{使用資産\ or\ 使用資本}$$

具体的な指標としては ROA（Return On Assets：総資産利益率）や ROE（Return On Equity：自己資本利益率），ROIC（Return On Invested Capital：投下資本利益率）が挙げられます。それぞれ**分母と分子を適切に対応させる**こ

---

38　Anthony and Govindarajan（2007, p.272）

とが重要です。分子に利益ではなくキャッシュ・フローを用いる場合もあります（CFROI）。

　ROI は様々な形で適用できることに加え，それが割合で示されることが大きいです。規模や業種業態に関係なく比率で財務的な評価を一律に行うことができるメリットは他に代え難いものがあります。分母と分子を揃えれば他社比較もできます。またシンプルであること，加えてデュポン・チャート・システムが典型で利益率と回転率に分かれてさらに細かい要因に細分して関連を検討できる点が秀逸です（図表４-５）。この**要素分解による各種の検討は財務諸表分析の重要な内容**であり，管理会計を推進する一丁目一番地です[39]。

## （2）　EVA の基本的な計算式と含意

　EVA は利益額で表されます。**金額であることが特徴**です[40]。もう一つ ROI と比較した時の EVA の特徴は，資本費用（capital charge）を差し引く点にあります。大津（2022，p.218）によれば，EVA の計算式は次のとおりです。

EVA＝NOPAT（税引後営業利益）−調達資本費用

　上記式の中にある調達資本費用は，次のような内容です。

調達資本費用＝投下資本×加重平均資本コスト（WACC）

　つまり調達資本費用は，投資センターに投下されている資本＝使用資産の資本コスト（額）を表します。加重平均資本コスト（率）という表現から示唆されるとおり，他人資本（負債）と自己資本の調達コスト（率）の加重平均を投下されている資本（資産）に対して乗じます。

　調達資本費用の計算式を EVA の計算式に代入して展開すると，次のような式が得られます（大津，2022，p.220）。

---

39　Anthony and Govindarajan（2007，p.283）
40　Anthony and Govindarajan（2007，p.272）

$$EVA = \left( \frac{NOPAT}{投下資本} - WACC \right) \times 投下資本$$

　要するに **EVA の中に ROI が含まれている**という点が重要です。NOPAT/
投下資本は ROI（率）を示しており，そこから資本コスト（WACC：率）が
差し引かれて計算される構造になっています。

　EVA の中に ROI が含まれることは，ROI と資本コストの両方を使って判断
することで経済的付加価値を高められることを示唆します。例えば次のような
ことが考えられます[41]。

---

① 　ROI の分母である投下資本＝使用資産を増やさずに ROI を向上させる…生
　産性向上，BPR（Business Process Reengineering）。
② 　資本コストを下回る使用資産（製品，固定資産）を売却したり廃棄したり
　することで ROI の分母を圧縮する。
③ 　資本コストを超えることが期待される新規投資を行う。
④ 　売上高，利益率，回転率の向上，その一方で資本コストの低下を図る。

---

　ROI を単独で使うのではなく，**資本コストと両睨みで活用する**ことが実務
上は重要です。ROI の有用性は先に述べたとおりですが，そこに資本コスト
の観点を組み込むと有用性が高まります。また，ROI だけでは回避し難いこ
とが EVA にあることも押さえておきましょう[42]。例えば，会社全体の ROI が
８％である一方，社内の優れた事業部の ROI が12％である時に新規案件の予
想 ROI が10％であるとすると，会社全体では取り組むことが望ましいはずが，
優れた事業部で同案件が検討されると却下される可能性があります。EVA で
あれば資本コストを超えていれば新規投資はあらゆる部門で積極的に検討され
るでしょう。

　EVA には資本コストをメルクマールに会社全体を収益性の観点で統合でき

---

41　Anthony and Govindarajan（2007，p.285）
42　Anthony and Govindarajan（2007，pp.284-285）では４つの点が挙げられています。

る能力があり，実際，**事業ポートフォリオの構築・再構築の際に利用**されています。あと，EVA では適用する資産ごとに資本コスト（率）を変えることができ，棚卸資産や建物・設備の特性によってレートを変えられることも重要です。

## （3） 資本コストを意識した経営を推進する

　統合指標を適切に設計して運用していくには，資本コストに対するスタンスを会社として持つことが必要になります。この点，昆（2020）は「ROE やROIC 経営は CFO の専任事項である」（p.63）として，「理論的に正しく理解した上で自社の資本コストに対する考えを持ち，そこから目標値を割り出せる力は不可欠」（p.63）としました。そして，ファイナンス理論でいう「最適加重資本コストを追い求めるのは賢明ではない」（p.65）とし，追加でロングテイル・リスクを考慮する必要を主張しました。ロングテイル・リスクは「オペレーション上の買掛金をはじめ，未払税金，引当金など倒産リスクを誘発する負債」（p.65）によるものであり，これを考慮した上で目指すべき資本構成を決定すべきということです。

　資本コストをどう具体的に見定めるかは別に専門書を見ていただきたいと思いますが，少なくともいえるのは，いずれにしても**自社で見定める必要がある**ということです。また，資本コストを定め，資本構成を決定する中心は CFO であるべきです。特に FP&A 部門は資本コストを意識した経営を推進する中心になります。この点，石橋（2023，p.53）は資本コストの管理を「売上債権や棚卸資産」と「固定資産」に分けて興味深い提案をしています。これは運転資本管理に関わる資本コストと固定資産管理に関わる資本コストを峻別して適用する構想と思われ，デュポン・チャート・システムの回転率の区分（図表4－5）に通じる考えと捉えられます。

## Q18　利益責任の応用例（１）京セラのアメーバ経営

京セラのアメーバ経営は責任会計の視点でどう考えられますか？

**A**　米国企業で発展した責任センター（責任会計）の考え方は，米国企業の事業部制を前提にしたものでした。一方，日本企業では米国企業と異なる発展が見られました。日本企業で事業部制という時，米国企業の事業部制とは内容が異なっている可能性には注意が必要です。日本企業の事業部制や組織形態の発展や変化については様々な考察が必要ですが，ここでは日本企業における責任会計のあり方として注目されてきた京セラのアメーバ経営を紹介します。

### （１）　アメーバ経営における責任センターの配置

今日では京セラは大企業ですが，当然，中小企業の時代がありました。創立初期の組織図が**図表４-８**です。

図表４-８の組織図は創立初期ということもあって大変シンプルです。ですが，アメーバ経営の責任会計的な根幹は，その時代に形成されました。図表４-８に即していえば，営業部と製造部はライン組織，研究開発部と管理部はスタッフ組織となります。そして，ライン組織はどちらも利益センター，スタッ

[図表４-８]　京セラ初期の機能別組織

（出所）　稲盛（2010，p.96）

フ部門はいずれもコスト・センターと位置付けられました。

　京セラのアメーバ経営の責任会計としての一つの大きな特徴は，ライン組織の営業部と製造部のどちらも利益センターと位置付けることです。第3章のQ12で説明したように，一般的に営業部は収益センター，つまり売上に責任を持つ組織とします。しかし，京セラは営業部を利益センターとします。そして，製造部もコスト・センターではなく利益センターです。製造部も通常，会社外部と直接取引をするわけではないのでコスト・センターとなりますが，京セラでは製造部も利益センターとなります。

## （2）　アメーバ利益の計算構造（全体構造）

　営業部と製造部の両方を利益センターにするのに，どういう責任分担や利益の計算を行うかを見ると，理解がしやすくなります。

[図表4-9]　アメーバ利益の計算構造

〔製造部門〕　製造アメーバ利益＝売上高－製造経費－営業口銭
〔営業部門〕　営業アメーバ利益＝営業口銭－営業経費
〔会社全体〕　全社利益＝製造アメーバ利益＋営業アメーバ利益
　　　　　　　　　　　＝（売上高－製造経費－営業口銭）＋（営業口銭－営業経費）
　　　　　　　　　　　＝売上高－製造経費－営業経費

（出所）　上總（2008, p.11）

　図表4-9にあるように，京セラのアメーバ経営では製造部で売上が立ちます。この点が最も特徴的といってよいと思います。そして製造経費と営業口銭を差し引いて製造アメーバ利益を計算します。一方，営業部の方では営業口銭が収入となり，そこから営業にかかる経費を差し引いて営業アメーバとしての利益を計算します。製造部と営業部は，営業口銭で繋がっています。営業口銭は手数料収入のイメージです。

　営業部は当然，営業活動を行って様々な仕事の案件を取ってきます。それを

社内の製造部に持ち込み最終的に仕事を受けるかどうかを製造部が決めます。したがって，製造部の方で売上を立て，営業部は手数料収入を得るという形です。

　興味深いのは，製造アメーバ利益と営業アメーバ利益を基本的に単純合算していけば会社全体の利益になることです。細かくは調整勘定の話があったりしますが，まずは全体のイメージを持つようにしましょう。

## （3）　アメーバ利益の計算構造の特徴①：労務費を含まない

　製造アメーバであれば製造経費，営業アメーバであれば営業経費には労務費が含まれません。アメーバ利益の計算にあって，この点は注目すべき点です。なぜそうするのかといえば，各アメーバにとって労務費が管理可能ではないからです。「管理可能性の視点からアメーバ費用を計算する」（上總，2008，p.12）ことはアメーバ経営の大きな特徴となっており，これはQ16で述べた利益センターの責任と権限に合わせた管理会計用の損益計算書の作成と同様の思考といえます。つまり責任会計思考が持たれています。

　経費の中に労務費を含まないことの意義や効果は様々に考えることができますが，会計的な含意でいえば各アメーバの利益＝部門別採算が付加価値を表していることがあります（上總，2008，p.12）。そして，京セラのアメーバ経営では時間管理もアメーバ利益の計算に反映することから，**時間当たり付加価値の最大化を各アメーバが志向する**ことになります。

## （4）　アメーバ利益の計算構造の特徴②：金利償却費の存在

　製造経費と営業経費に労務費が含まれない一方で，金利償却費が明示的に含まれる点がもう一つの注目すべき点です。上總（2008）によれば，「各アメーバ組織が保有するすべての資産（流動資産および固定資産）について年率6％の金利償却費を負担しなければならない」（p.13）とのことです。Q17で説明したEVAや資本コストの話を踏まえると，京セラのアメーバ経営における金利償却費が資本コストの意義を持っていることが分かるのではないでしょうか。

[図表 4-10]　部門別採算の展開

```
部門別採算＝売上高－製造経費－営業経費
　　　　　＝売上高－（直接経費＋間接経費＋振替経費）
　　　　　＝売上高－（直接経費＋間接経費＋金利償却費＋本社経費他）
　　　　　＝売上高－（直接経費＋間接経費＋本社経費他）－金利償却費
　　　　　＝売上高－（総原価－労務費）－資本コスト
　　　　　＝売上高－総原価－資本コスト＋労務費
　　　　　＝残余利益＋労務費
```

（出所）　上總（2008, p.13）

　上總（2008, p.13）は金利償却費を資本コストと認識すれば，各アメーバ利益＝部門別採算が「残余利益＋労務費」となると説明しています。そして，「『資本コストが合理的に計算されていれば』という条件付きではあるが，京セラでは，（中略）かなり古くから経済的付加価値が計算されていたことになる」(p.14)と評価しています。また，この理解を前提に時間管理の徹底を組み合わせると，「京セラのアメーバ経営は，実質的には，時間当たり残余利益の最大化を目指して経営されていた」と評価できると述べています。

## （5）　時間管理の徹底：時間当たり採算

　京セラでは各アメーバの利益が日々計算されますが，利益額だけでなく時間管理の反映として「時間当たり採算」がKPIとなっていることが大きな特徴です。時間当たり採算は各アメーバの利益額を総時間で割って計算されます。総時間の算定にあって注目できるのは，アメーバ間で人員を融通した時間を振り替えたりすることです。詰まるところ，アメーバごとに時間当たりの生産性を最大化する志向性が生まれることが考えられ，その総和として会社全体で高い成果を実現する仕組みになっていることが考えられます。

## Q19　利益責任の応用例（2）　日本電産（Nidec）の事業所制

**日本電産の事業所制は責任会計の視点でどう考えられますか？**

**A**　Q18の京セラやここで紹介する日本電産というと，どうしてもカリスマ経営者の存在やそのリーダーシップに目が行きがちです。しかしながら，各社には独自のマネジメント・コントロール・システムが存在しており，特に責任会計制度は骨格として機能することに注目する必要があります。

　日本電産は現在，事業所制を発展させた事業本部制を経営責任の所在を明確にする仕組みとして採用しています。事業本部制は組織形態としてはいわゆる事業部制ですが，「組織内における仕事のやり方としての事業所制は一貫して保ち続けている」（田村，2013，p.90）とのことです。

### （1）　事業所制に見る責任センターの構造

　図表4-11から分かるように，事業所制では京セラのアメーバ経営における製造部と工場の位置付けが似ています。工場がコスト・センターではなく利益センターであることです。田村（2013）によれば，事業所制は1973年の創業から10年ほどして始まり，「採算管理の単位を工場に置きながら，関連する営業部隊だけを抜き出して，本社直属にしたもの」（p.35）です。営業部の責任は「『売上高』と『市場シェア』の極大化」（川勝，2016，p.205）にあることから，収益センターと位置付けられます。残る開発部や本社はコスト・センターと位置付けられますが，開発部はロイヤリティを受け取ってその範囲内で経費を賄うことからヒット商品を開発するインセンティブがあります。

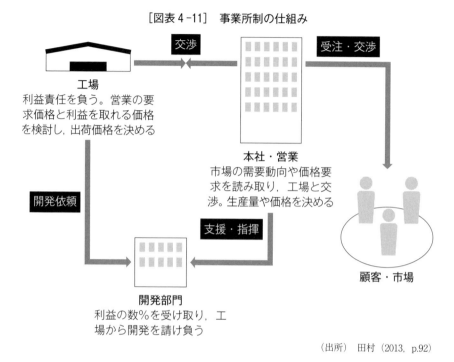

[図表 4 -11]　事業所制の仕組み

**工場**
利益責任を負う。営業の要求価格と利益を取れる価格を検討し，出荷価格を決める

**本社・営業**
市場の需要動向や価格要求を読み取り，工場と交渉。生産量や価格を決める

**開発部門**
利益の数％を受け取り，工場から開発を請け負う

**顧客・市場**

交渉　　受注・交渉　　開発依頼　　支援・指揮

（出所）　田村（2013, p.92）

## （2）　工場を利益センターにする意義

　責任センターの一般的な理解では第3章のQ13で説明したとおり，工場はEngineeredコスト・センターに分類されます。しかしながら，先の京セラにしても日本電産にしても工場を利益センターと位置付けています。これは京セラと同様に**工場を内向き志向にしない**目的意識があります。

　川勝（2016, pp.200-203）は一般的な機能別組織ではコスト面で大きく2つの問題点があると指摘しています。

---

①　コスト発生の大部署の工場が，利益に不感症になりがち
②　ものづくり企業では，コスト管理は「生産性向上」が中心で，真剣に取り組んだら効果が大きい「経費削減」は，ウェイトが低くなりがち

　①は「工場の普段の仕事，たとえば生産活動の目標値や実績は数量やパーセントで表され，利益（お金）ではないので，どうしても大集団全体がお金の問題に不感症になりがちになる」（p.201）ことを指しています。工場の日常的な管理の延長線上としてコスト・センターと位置付けてしまうと，利益志向が工場の中で持たれることはないでしょう。次に，②は「ものづくり企業では，コストダウンの最大のネタは，現場の『生産性向上』だという固定観念があり，『経費』は（中略）１つ１つが細かすぎて一律管理が難しい，と見なされ，手つかずになりがち」（p.202）であることを指しています。Engineered コスト・センターではなく利益センターであれば，生産性向上による原価低減だけでなく経費削減に目配せがしやすくなります。生産性も大事ですが，ともかくも利益を出すことに意識が向くからです。

## （3）　事業所制における営業部の役割と協働構造

　事業所制において会社全体の業績を牽引するのは営業部です。ただし，一般的な収益センターとしての営業部だからというよりも，**事業所制では工場及び開発部門との協働が大きな成果に結びつく**構造になっています。現在の事業本部制の下では各事業本部の中に営業部も配置されていると思われますが，少なくともかつての事業所制では本社直属となっていました。そして，営業部は収益センターとして売上目標を達成できるよう受注することに邁進し，工場に相談して調整を図り最終的に売上を確実にすることが求められます。つまり，全体のコーディネートを営業部が担っているといえます。

　一方，工場の方もコスト・センターではなく利益センターなので，当然に利益目標が存在してその達成が課されているため，むやみに受注しないというわけにはいきません。営業部が持ち込んでくる様々な案件を精査し，利益が出るように試行錯誤することが求められます。開発部も工場の意向に沿って開発を行う必要があるため，基本的に工場と同じ方向性を保持すると考えられます。

## （4） 事業本部制を軸とするグローバル5極マトリックス経営

　日本電産は現在，事業本部制を軸とするグローバル5極マトリックス経営の体制にあります（吉松，2019，p.128）。その特徴は「国ごとに収益責任を持ついわゆるカントリーマネジャーは配置せず，事業本部と国内グループ会社がプロフィットセンターとしてグローバルに事業軸（縦軸）で事業を展開し，グローバル本社と地域統括会社はコストセンターとして事業横断的に機能軸（横軸）を通して経営品質（ガバナンス・コンプラインス）と経営効率（シェアードサービス）を向上させる」（吉松，2019，p.128）ことです。

　図表4-12でいえば，精密小型モータ，車載，家電商業産業，その他が事業本部で利益センター，①から⑤の各地域の統括会社がコスト・センターという

[図表4-12]　グローバル5極マトリックス組織

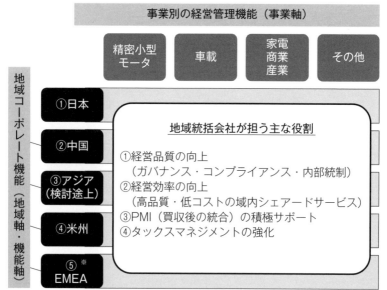

　　※ EMEA…Europe, the Middle East and Africa（ヨーロッパ，中東及びアフリカ）
（出所）　https://www.nidec.com/jp/ir/library/other/-/media/www-nidec-com/ir/library/other/img/ir_190315kigyokachi.pdf より抜粋

配置になります。おそらく各事業本部の中に事業所制は組み込まれており，事業本部制を採る前では本社直属だった営業部が各事業本部の中に配置されていると考えられます。

　2023年現在，日本電産は車載事業の不振に苦しんでいるとされていますが，責任センターの観点からは，この体制を採ることで収益性の状況把握や対応が検討しやすくなっていることが注目できます。

### 〈本章の参考文献〉

・H. Thomas Johnson (1978) "Management Accounting in an Early Multidivisional Organization : General Motors in the 1920s", *Business History Review*, Vol. LII, No.4, Winter.
・Robert N. Anthony and Vijay Govindarajan (2007) *Management Control Systems.* 12th Edition. International Edition. New York : McGraw-Hill Irwin.
・石橋善一郎・三木晃彦・本田仁志（2023）『CFO と FP&A』中央経済社
・稲盛和夫（2010）『アメーバ経営　ひとりひとりの社員が主役』日経 BP 社
・大津広一（2022）『企業価値向上のための経営指標大全』ダイヤモンド社
・上總康行（2008）「GM と京セラの管理会計比較研究」『立教経済学研究』第61巻第 4 号
・川勝宣昭（2016）『日本電産流「V 字回復経営」の教科書』東洋経済新報社
・昆政彦・大矢俊樹・石橋善一郎（2020）『CFO 最先端を行く経営管理』中央経済社
・田村賢司（2013）『日本電産　永守重信，世界一への方程式』日経 BP 社
・林總（2007）『［新版］わかる！管理会計』ダイヤモンド社
・安本隆晴（2012）『ユニクロ監査役が書いた強い会社をつくる会計の教科書』ダイヤモンド社
・吉松加雄（2019）「日本電産の企業変革と CFO 機能の役割」『企業会計』第71巻第 1 号

## Column　キーワードは「ワンカンパニー」

　中小零細企業からグローバル企業まで，どのような組織構造であったとしても利益責任は必要です。そして，大企業になるほどに意識しなければならないことがあります。それは「本社・本部において，現場で起きている問題が素早く認識でき，解決のための指示がすぐに出せること」（安本，2012，p.165）です。責任の連鎖構造を作ることで，本社と現場を一気通貫する仕組みとしなければなりません。「現場の様子が手に取るように分かる指標を見ながら，役員間で徹底的に議論する。そして期限を決めて的確に指示する。このような仕組みを作っておかないと，企業は環境変化に気づかず，いずれ滅び去ることになります。」（安本，2012，p.165）。「ワンカンパニー」はそのためのキーワードです。

# 第5章

## 中長期経営計画と予算の全体像

## Q20 中長期経営計画の位置付けと基本構造

　経営計画はどう位置付けられ，その構造をどう理解すればよい
でしょうか？

**A**　　図表1-1（6頁）の戦略的計画（strategic planning）が一般的な
　　　中長期経営計画に該当します。経営計画であれば戦略との違いは明確
につきそうですが，戦略的計画となると戦略の策定との違いはどういうことか
といった疑問が生じそうです。

### （1）　中長期経営計画（戦略的計画）の位置付け

　図表1-1にあるとおり，戦略的計画はマネジメント・コントロール・シス
テムの一部，同プロセスの一部です。したがって，マネジメント・コントロー
ル・システムがそうであるように，戦略を実行する仕組みであるという点の理
解が大事になります。戦略を策定するのではなく，すでにある**基本戦略をどう
実行するかを描く**ことが戦略的計画＝中長期経営計画に求められる役割です。
また，繰り返し取り組まれる仕組みという位置付けも押さえる必要があります。
　戦略的計画の作成と戦略の策定は概念的には別ですが，両者は相互に影響し
合う関係があります[43]。実務的にはおそらくこの点が重要で，経営計画を持っ
ていない会社であれば，経営計画の作成を通じて自社の基本目標や基本戦略を
明確に共有することが起こったりするでしょう。すでに作っている会社であれ
ば，改めて理解・共有するということが起きたりすると思います。
　図表1-11では戦略の策定とマネジメント・コントロールが相互に影響する
ことを示しましたが，その典型的な一つとして戦略の策定と戦略的計画の間で
双方向の影響が生じるということです。また，図表1-1のマネジメント・コ

---

43　Anthony and Govindarajan（2007, p.331）

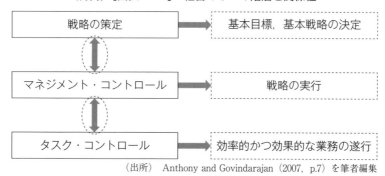

（再掲）［図表 1 -11］　経営の 3 つの階層と関係性

（出所）　Anthony and Govindarajan（2007，p.7）を筆者編集

［図表 5 - 1 ］　戦略の策定と戦略的計画の双方向性

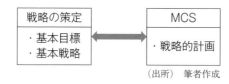

（出所）　筆者作成

ントロール・システムの全体像における戦略の策定と戦略的計画の矢印は，**図表 5 - 1 のように双方向の矢印とすることが妥当です。**

## （2）　中長期経営計画（戦略的計画）の基本構造

　第 1 章の Q 4 で述べたとおり，戦略の策定や創発は本質的にアンシステマティックです。他方，戦略的計画を作ることは繰り返しの仕組みでありシステマティックです。基本戦略をいかに実行するか，プログラムに落とし込んでいく作業となります。

　アンソニーは戦略的計画を次のように定義しています[44]。

組織が遂行するプログラムとそれぞれのプログラムに複数年に渡って配分する

---

44　Anthony and Govindarajan（2007，p.330）

資源のおおよその量を決定するプロセス。(Strategic planning is the process of deciding on the programs that the organization will undertake and on the approximate amount of resources that will be allocated to each program over the next several years.)

　プログラムに落とし込んでいく際のプログラムの考え方は会社によって違います。重要なことは**収益の柱をどう考えているか**ということになります。典型的には製品ライン（グループ）やブランドを軸にすることが考えられます。地域単位で落とし込んでいくということもあります。

　経営計画は複数年に渡るプログラムを書く一方，その後に具体的な行動計画を伴って予算へと落とし込みます。経営計画と予算では詳細度や表示形式に違いは生じるものの，両者は連動させることで意味を持ちます。実績を管理して業績評価を適切に行うには，責任センター，責任会計と連動できる下地とすることが必要です。したがって，会社がどのような事業構造，事業単位で組織を作っているか，それらの中でどのように製品ラインやブランド，サービスを展開しているか＝収益の柱を持っているかでプログラムの記し方が変わります。

　そして，メインとなる製品ライン等の収益の柱に関して方向性や取り組むことを記した上で，研究開発や管理活動，買収などを含む資本政策および財務政策を示します。

## （3）　中長期経営計画の例：ベネッセホールディングス

　経営計画の具体例は検索してみると様々な会社のものがヒットします。その中からベネッセホールディングスの経営計画（2021年度〜2025年度）を見てみたいと思います[45]。ベネッセホールディングスの経営計画は事業の構造を大きくコア事業と新領域に分けており，コア事業の進化と新領域への挑戦がテーマとなっています。

　ここでは各事業の内容を云々するのではなく，あくまで経営計画の構造が事

---

[45]　https://www.benesse-hd.co.jp/ja/ir/strategy/middleplan.html

業そして商品ラインに沿って持たれていることを確認できれば十分です。ベ
ネッセホールディングスは**図表 5-2**にまとめたコア事業を通じてコロナ禍か
らの回復を2022年度までに図り，2023年度〜2025年度で新領域への挑戦も含め
てさらなる成長を目指すとしています。

[**図表 5-2**]　ベネッセホールディングスのコア事業と戦略方針

| コア事業 | | 戦略方針 |
|---|---|---|
| 国内教育事業 | 進研ゼミ | ・ブレンディッド学習の早期実現<br>・デジタルによる個人別学習の実現（映像・オンライン・教室での人による指導の最適化）<br>・多様な学びニーズへの対応（タブレットを活用した習い事など） |
| | 学習塾 | ・オンラインを利用した学習塾の全国展開 |
| | 学校向け教育 | ・模擬試験事業の再強化<br>・「GIGA スクール構想」に対応した学校支援事業の次世代化 |
| グローバルこどもちゃれんじ事業 | | ・家庭・親子を支援する「しまじろうワールド」の拡大<br>・デジタルによる接点拡大と商品・サービスの強化 |
| 介護・保育事業 | | ・新エリアへの進出による新規ホーム開設数の増加<br>・人材紹介事業など周辺領域事業での非連続な成長 |
| ベルリッツ事業 | | ・ベルリッツ2.0とデジタルマーケティングの強化<br>・さらなる構造の転換 |

（出所）　https://www.benesse-hd.co.jp/ja/ir/strategy/middleplan.html より筆者作成

　そして，中期経営計画の達成に向けた基盤として DX の推進が不可欠とした
上で資本政策を示しています（**図表 5-3**）。
　中期経営計画の資料で示されている限りでは各事業や戦略方針と財務的な繋
がりは細かくは分かりませんが，配当性向35％を対株主の KPI として，事業
ポートフォリオ戦略を前提に営業 CF の創出力と手元資金の水準を定める（資
金調達の検討も含む）一方，投資規模や投資先を同ポートフォリオに基づいて
決定すると読めます。事業ポートフォリオは図表 5-2 のコア事業と新領域の
組み合わせを指し，その上でこの資本政策の考え方はキャッシュ・フロー計算

[図表 5-3] ベネッセホールディングスの資本政策

配当性向35％以上を維持しながら
ポートフォリオ戦略，財務戦略に基づき，成長に向けた積極投資を実行

| 事業ポートフォリオ戦略の整理 | 財務戦略の構築 |
|---|---|
| 重点投資分野の決定 | 営業 CF・手元資金の活用をベースに調達も含めた投資余力を算定 |

資金配分を決定

| 配当性向35％以上を目途 | 成長に向けた積極投資 |
|---|---|
| 利益成長と連動した安定的な株主還元 | コア事業の次世代化に向けた投資M&A を含む新領域への投資 |

（出所）　https://pdf.irpocket.com/C9783/BYOH/gLgt/NOtl.pdf より抜粋

書の3つの部（営業，投資，財務）に紐づけて書かれていると読めばよいでしょう。

## （4）　経営計画の例：日本電産（Nidec）

　第4章の Q19で取り上げた日本電産の経営計画を次に見てみましょう[46]。日本電産の場合は経営計画というよりも，その名のとおり中期戦略目標といえるものです。

　図表 5-4 にあるとおりで，主要3つの事業とその他の事業で構成されていて各事業で売上目標が持たれていることが分かります。売上目標は全体で4兆円となり，2020年度の段階では実績が1兆円台半ばということで，かなり挑戦的です。その挑戦性の論評はしません。重要なことは事業別に相応の検討と根拠を持って目標が立てられているという事実です。

　そして，日本電産は従来もそうでしたが，この挑戦的な目標を達成する手段として M&A を重視しています。

---

46　https://www.nidec.com/jp/ir/management/strategy/

[図表5-4]　事業別の中期戦略目標

| 事　業 | 2025年度売上目標 |
|---|---|
| 精密小型モータ | 8,000億円 |
| 車載 | 1兆3,000億円 |
| 家電・商業・産業用 | 1兆3,000億円 |
| その他 | 6,000億円 |
| 合　計 | 4兆円 |

（出所）　https://www.nidec.com/jp/ir/management/strategy/より筆者作成

　ここまで説明してきたとおり，日本電産にあっても収益の柱＝事業別に中期的な目標が立てられ，そのための重要な手段としてM&Aが明記されているという構造の理解・把握が大事です。なお，中期戦略目標は単に売上目標に止まらず，ROIC（投下資本利益率）を2025年度に15％とすることや生産性向上の目標が掲げられています。

　さらに，日本電産は長期目標として2030年度に売上高10兆円となることを掲げています。日本電産の経営計画の持ち方は，**企業規模と市場シェアを重視**したものとして特徴づけられます。

## Q21　中長期経営計画の意義と留意点

経営計画の意義と留意点はどういったものでしょうか？

**A** 　中長期経営計画はマネジメント・コントロール・システムの一部であるため，繰り返し取り組まれる仕組みです。グローバル企業では毎年，予算作成の前工程として経営計画が作成され，外部に公表されることはありません（石橋，2021，p.111）。対して日本企業はQ20でも紹介した会社のように，数年に一度の間隔で作成・公表することが慣習となっています。経営計画の中身・構造としては決定的に欠落しているといったことはありませんが，運用の仕方として外部環境の変化に合わせた一気通貫の体制を作る仕組みになっているかといわれると，疑問が拭えません。実際，日本企業の経営計画の達成度は低い模様です（石橋，2023，p.33）。

　つまり，日本企業の経営計画はマネジメント・コントロール・システムの一部として機能していない可能性が高いです。第2章のQ7で説明した戦略実行の不在問題は，経営計画→予算→業績評価→報酬というリンクが切れることによって発生します。大きな方向性を持たないまま予算作成を行う，毎年の恒例行事として予算を作るということでは，目的を見失うのは当然です。これは少し偏見になるかもしれませんが，**経営計画は常に傍に携えながら日々の業務に向き合うことが肝要で**，そうでなければ人間はすぐに忘れてしまうと思います。

　経営計画は場合によっては極めて簡素なものでもよいです（例えばA4一枚に箇条書きで記す程度）。基本目標や基本戦略を達成するためにこういうことを進めていくという行動の核となる部分が明確にイメージされているかが重要で，そのための手がかりとして経営計画があるといってよいでしょう。

## （1）　グローバル企業における経営計画

　**図表5-5**はグローバル企業における経営計画と予算の持ち方を示したもの

[図表5-5]　グローバル企業の経営計画と予算

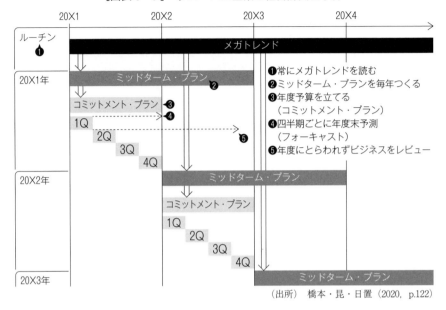

（出所）　橋本・昆・日置（2020, p.122）

です。ここでは経営計画＝ミッドターム・プランに絞って紹介します。

　冒頭でも述べたように，グローバル企業では中期経営計画が毎年作成されています。その意図は，「変化の激しい時代にミッドターム・プランの前提とした環境条件が2年も3年も変わらないわけ」はなく，「ですから，毎年，環境変化を取り込み，みずからの変化の方向性を見定める」ことにあります[47]。マネジメント・コントロール・システムは外部環境とのフィットを前提にします。外部環境の変化が著しい中では，数年に一度のペースで経営計画を作るよりも毎年作成ないし見直しを行う方が優れた対応といえます。

　そして，橋本・昆・日置（2020）によればミッドターム・プランは大まかな方向性を示す「ガイダンス」的な役割を担い，最初の1年分を年度予算に反映します。このことは，ミッドターム・プランが長期と短期を繋ぐ「触媒」とし

---

47　橋本・昆・日置（2020, p.121）

ての役割があることを示しています[48]。

## （2） 経営計画を作成するメリット

アンソニーは経営計画を作るメリットを４つ挙げています[49]。

---

① 年度予算を作成するためのフレームワーク
② 経営者を開発するツール
③ 管理者を長期で思考することを推進するメカニズム
④ 管理者を会社全体の長期の戦略と結びつける手段

---

③と④は先の経営計画が長期と短期の触媒としての役割であることをまさに述べています。そして，②は経営計画の作成に各事業部の管理者が参加することで経営のスキルやマインドを訓練できることを指します。残る①は長期と短期を繋ぐ触媒という意味も含め，年度予算を作成する前提として経営計画を持つことの端的な意義を示しています（図表５-６）。

経営計画がないと予算を作成する際のオプションは広がります。対して経営計画があると，戦略の方向性に沿って検討すべきオプションが絞られてきます。基本目標，基本戦略に沿って大きな方向性として取り組むことが示され，しかる後に必達目標となる予算が組まれるという流れが作れます。

[図表５-６]　予算作成の前提として経営計画を持つ意味

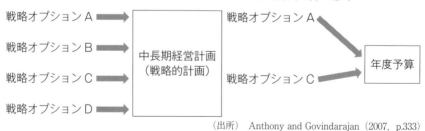

（出所）　Anthony and Govindarajan（2007, p.333）

---

48　橋本・昆・日置（2020, pp.122-123）
49　Anthony and Govindarajan（2007, pp.332-334）

## （3）　経営計画を作成する際の注意点

　経営計画の役割は基本目標や基本戦略と予算の間を繋ぐことです。したがって，数値目標に繋がるように計画を持つ必要があります。

　**図表5-7**にあるように，具体的な施策と目標数値へと展開することは重要です。このような展開を行っておかないと，中長期的な基本目標や基本戦略と年度予算との関係が切れてしまいます。経営計画の中で概括的でかつ具体的な施策と目標数値があることで，年度予算の作成も根拠を持ちながら行えますし，検証も単に予算を達成している・していないだけでなく戦略の進行状況や再考を具体的に行えます。

　その一方で，戦略の展開を細かくするだけでよいのかといえばそうではありません。経営計画はあくまで未来の見通しを立てるものですから，正確さや詳細化には限界があります。何より大事なことは達成したい基本目標が何であるか，そのためにどのような戦略を取っていて，具体的に何を推進しているのかという目的と手段の関係を理解・把握しておくことです。その上で経営計画における見通しの意図を掴んでおくことが求められます。

[図表5-7]　**基本戦略の具体的な施策と目標への落とし込み**

| 基本戦略 | 施　　　策 | 2025年目標 | 23年 | 24年 | 25年 |
|---|---|---|---|---|---|
| ①アジア・欧州のグローバル拠点強化 | アジア3カ国に新規7拠点を開設 | 売上高900億円増 | 300 | 700 | 900 |
| | スペイン，ポルトガルにコア拠点の開設 | 売上高350億円増 | 100 | 200 | 350 |
| | 中東2拠点の閉鎖 | コスト600億円減 | −200 | −500 | −600 |

（出所）　芳野（2021，p.27）

## （4） 既存プログラムと新規プログラム

　アンソニーは経営計画を作成するにあたってプログラム（各事業と各事業における製品やサービスのライン）を分析する方法を既存プログラムと新規プログラムに分けて説明しています[50]。ここでは，そのエッセンスを紹介します。

### ・既存プログラムの分析

　既存プログラムの分析は，現在進行形で会社にリターンをもたらしている**既存プログラムの効果性と効率性を高める**ことが目的になります。そのための具体的な分析方法として，アンソニーは価値連鎖分析（Value Chain Analysis）と活動基準原価計算（ABC：Activity-Based Costing）を挙げています。

### 〈価値連鎖分析の効能〉

　価値連鎖分析による様々な検討は既存プログラムの効率性だけでなく効果性を高めます。価値連鎖分析は，①会社とサプライヤー，サプライヤーのサプライヤーといったサプライヤー関係，②会社と顧客，顧客の顧客といった顧客関係，③会社内の価値連鎖に注目します。①のサプライヤー関係は劇的な低コスト化や価値の増大に繋がり，②の顧客関係は収益の増大や安定に繋がります。③の会社内の価値連鎖の見直しはコスト，価値，収益のいずれにも影響します。

### 〈活動基準原価計算の効能〉

　ABC は現代の企業活動をコストに関連づけて可視化するのに大変有効な手法です。業種業態によって割合が変化するものの，ほとんどの活動が人件費や設備費といった固定費という会社は珍しくありません。サービス業となると一層そうです。伝統的な原価計算の方法では固定費の内容を管理に使える形で可視化することは難しく，ABC はその意味で革新的です。

---

50　Anthony and Govindarajan（2007, pp.336-343）

## ・新規プログラムの分析

　経営計画の作成では既存プログラムの洗練を目指すと同時に新規プログラム
の組み込みも必要になります。その際に重要なことは，新規プログラムが偶然
も含めて会社の様々なところから生じる可能性があることに配慮することです。
経営者が新たなアイデアに対してオープンであるという雰囲気を醸成すること
が重要です。

　その上で，新規プログラムに関するアイデアをどう扱っていくかに関しては
ルールの整備が重要です。0 か 1 かではなく，アイデアを比較的小さいステッ
プで検証しながら開発していくルールが持たれるべきです。例えば，優れたア
イデアという合意→研究開発部門での技術的実効可能性の検証→生産能力やコ
ストの検証→顧客の受け止めの検証→正式な生産と販売といったステップの整
備です。

　管理会計の会計的技法という観点から補足すると，新規プログラムの評価に
あって正味現在価値法（NPV）や内部利益率法（IRR）といった意思決定会計
の機械的な適用は避けるべきです。使ってはいけないということではなく，工
夫が必要ということです。新規プログラムの戦略的な価値，既存プログラムと
の関係性や相乗効果をよく検討すべきです。また，意思決定会計の技法の応用
としては支出ないし投資金額の多寡によって適用する技法を変えることが考え
られます。金額が小さいところでは回収期間法，大きいところでは NPV や
IRR とするといった具合です。他にもリスクの調整をして複数のシナリオでシ
ミュレーションすることも有用です。ゲーム理論や他の意思決定技法の適用も
組み合わせつつ，最終的に会社の基本目標や基本戦略との整合性の観点から意
思決定することが重要です。

## Q22　予算の特性と体系

予算にはどのような特性があり，その基本的な体系はどのようなものですか？

**A**　中長期経営計画を受けて作成される年度予算は，その名のとおり一会計年度を対象とします。短期の統制と業績評価の基準となるのが年度予算にほかなりません。アンソニーは年度予算を効果的な短期の計画と統制のための重要なツールと位置付け，その特性が次のような点にあるとしています[51]。

- 予算は事業部（会社）の潜在的な利益を推定する。
- 貨幣的に示されるが，販売量や生産量など非貨幣的にバックアップされる。
- 通常は単年度だが，季節要因が強い場合などは年間に２つの予算を持ったりもする。
- 予算は経営者のコミットメント。各管理者は設定された目標を達成する責任を受け入れている。
- いったん確定した予算は特定の状況下でのみ変更でき，差異が分析され説明される。

　予算は利益目標（満足できる利益）からの逆算によって収益と費用を予定し，試行錯誤しながら全体を作成します。そして，予算は非貨幣的なバックアップ，つまり事業実態を伴って作成することが必要です。売上に責任を持つ収益センターであれば得意先にどのような製品やサービスを提供することを予定するのか，価格と数量の両面で見通しを持った上で売上高予算を作成する必要があります。売上原価についても仕入原価や標準原価を，根拠を持って予定すること

が必要です。残る費用や投資も同様です。

　そして，年度予算は図表5-5（113頁）でいえばコミットメント・プランに
該当します。経営者だけでなく各責任センターがコミットする目標となります。
結果，年度予算は一種の規範となり，業績評価の基準となります。いったん確
定した予算は全体の利益目標を達成するための規範ですので簡単には変更され
ません。このことは会社全体をコントロールする上での利点であり，同時に欠
点にもなります。

## （1）　予算と戦略的計画の区分[52]

　予算と戦略的計画（中長期経営計画）は図表1-1（6頁）のマネジメント・
コントロール・システムの全体像にあるとおり，同じく計画に属するものです
が，複数年度か単年度かという期間の違いに加えて，2点ほど押さえておく必
要のある点があります。

　一つ目は，戦略的計画が予算を作成する前提でありフレームワークとなると
いう点です。これは戦略的計画があることで戦略オプションが絞られるという
先の図表5-6（114頁）に示した点です。予算を作成する方向性を与えるもの
が戦略的計画です。

　二つ目は，戦略的計画が事業部や事業内の製品ラインやサービスラインを前
提に既存プログラム，新規プログラムという括りで複数年度に渡る取り組みや
見通しを概括的に示すのに対して，予算は責任センターを単位に作成される点
です。例えば経営計画では製品ごとに予定が書かれる一方，予算では営業部を
単位に複数の製品を組み合わせて売上目標が示されます。これは戦略的計画か
ら予算への再編成（rearrangement）で，製品ラインごとの戦略ストーリーを
責任ストーリーに変換する（実行責任を割り当てる）ことを意味します。変換
は実行管理を行うためで，最終的に業績評価を行うためです。つまり，予算は
責任センターの存在を前提に責任を割り当てることに固有の役割があります。

---

52　Anthony and Govindarajan（2007, p.381）

## （2） 戦略的計画から基本予算（業務予算と資本予算）への展開

　前述の予算と戦略的計画の区分を踏まえ，**図表 5 - 8** を元に両者の関係をさらに整理します。予算は戦略的計画を受けて責任センター別に詳細な展開を行います。年度予算＝基本予算（master budget）は図表 5 - 8 にあるように業務予算（operating budget）と資本予算（capital budget）に分かれ，業務予算は予算損益計算書（予算 PL）を作るイメージです。予算 PL を作ることと別に資本予算を作成します。これはいわゆる投資活動をまとめる部分で，両者の取りまとめから資金予測を作成して予算貸借対照表（予算 BS）と予算キャッシュ・フロー計算書（予算 CF）を作成します。つまり，予算作成の最終的な成果物は予算財務諸表です。

[図表 5 - 8]　戦略的計画と基本予算の関係

（出所）　Anthony and Govindarajan（2007，p.384）を一部改変

## （3）　業務予算，資本予算，予算 BS，予算 CF の役割

　業務予算のアウトプットは予算 PL の作成です。売上高予算から始まる各種費用予算はそれぞれ意味を持っていますが，ここでは業務予算の目的を整理しておきます。業務予算の目的をアンソニーは 4 つ挙げています[53]。

> ①　戦略的計画の微調整（fine-tuning the strategic plan）
> ②　各部署の活動の調整（coordination）
> ③　管理者への責任の割り当て（assigning responsibility）
> ④　業績評価の基礎（basis for performance evaluation）

　①については，予算作成の前提としてグローバル企業では経営計画を毎年作成していることから，予算を作成した際に経営計画との微調整が必要になることを指しています。場合によっては目標とする業績の見直しを含みます。次に②については予算を作成することを通じて部署間，例えば営業部と製造部，購買部との間で生産量や仕入量，タイミングの調整といったことを指します。予算を作成することで量的な調整や具体的な検討を行って見通しを立てます。③は再三説明しているところですが，加えていえば予算設定に伴って予算を使える権限が付与されます。責任と権限を対応させます。そして④はいうまでもなく予算が決まれば業績評価の基礎となることを指します。

　業務予算はその名のとおり現業を推進するための予算を指しますが，未来に対する投資活動を予算として取りまとめるのが資本予算にほかなりません。各資本プロジェクトは小規模なものも含め経営計画の段階で検討され承認を受けることが必要です。資本予算はそれを受けて投資 CF を四半期ごとにまで落とし込み予算 CF としてバランスが取れるよう調整します。そして予算 BS を作成して追加的に運転資本の影響を検討し，予算 CF で資金繰り政策を確定します。

---

[53]　Anthony and Govindarajan（2007, pp.382-383）

## **Q23** 予算と予測の区分

　予算と予測はどのように区別して理解することが適切でしょうか？

**A**　現代の管理会計の基盤と言えるデュポン・チャート・システムが考案され利用され始めた時期から，予算に加えて予測を用いることは行われていました。当時と現代を比較することはできませんが，現在のグローバル企業では予測を用いることが標準となっています。また，日本企業でも予測情報を用いることは少なくとも一部では浸透しています。

　予測を用いるとは，例えば図表5-5でいうと❹のフォーキャスト：四半期ごとに年度末を予測することを指します。予算と予測はどのように区別され，

### （再掲）［図表5-5］　グローバル企業の経営計画と予算

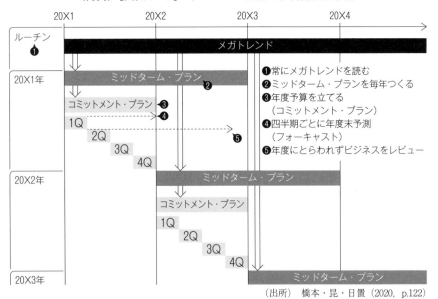

（出所）　橋本・昆・日置（2020, p.122）

併用することの意義がどのような点にあるのか説明します。

## （1）　年度予算の問題点

　年度予算の問題点は様々な角度から指摘されています。ここでは例えばということで Hartmann et al.（2021，pp.267-269）を参考に示します。

　第一の問題点は，予算が組織内部のゲーミングと近視眼を生み出すという点です。予算編成の方法としてトップダウンやボトムアップというプロセスがあることは前述のとおりですが，特にボトムアップの際にはいわゆる予算スラックと呼ばれる自己防御的な反応が紛れ込む可能性が高いです。別のいい方をすると，全体最適ではなく部分最適が横行し，かつ各部署の短期的な成果を追求する（会社全体としては業績が低迷する）ことが蔓延する可能性があります。予算による内向き志向の弊害といってもよいでしょう。

　第二の問題点は，予算を完成させるまでにコストがかかり過ぎるという点です。一般的な理解として数ヶ月を要するとされており，中長期経営計画の作成と合わせると年間のかなりの時間を計画作りに投下していることになりかねません。業績評価の基礎となることを考えるとコストをかけて作る意味はありそうですが，事業は実行と実績が全てですから計画作りにエネルギーが割かれ過ぎるのは好ましくありません。

　そして第三の問題点は，それほどエネルギーをかけて作成した予算が信頼に足らないかもしれないという点です。年度予算ですから，当然に 1 年間を見据えて作成します。しかしながら 1 年後は短いようで長く，環境の変化が著しくなる可能性があります。予算を作成した時点で想定した状況が変わっているかもしれません。スタート時点で予算の妥当性が失われているかもしれないのです。管理会計の本質からすると，年度という単位はあくまで期間損益という制度会計の枠組みを利用しているに過ぎません。そうすると，もっと適切な方法があるかもしれないということになります。

　最後に第四の問題点として，第一と第三の問題点が組み合わさった時に全く妥当性を欠いた予算を盲目的に達成することに注力してしまう可能性が挙げら

れます。外部環境の変化に合わせるのではなく，あくまで内部の目標に対して組織が動いていくということの結果は業績の低迷となるでしょう。つまり，組織に硬直性をもたらす可能性が年度予算にはあります。

## （2） 予測を用いる意義

上記の問題点を改善する方向は，要するに内部志向ないしは自己充足的にしないこと＝外部志向にすることと，環境の変化に対応して場合によっては予定を適切に変更していくといったことになります。外部志向と環境変化への対応を行えるようにすることが改善の方向です。この点に予算と共に予測を使う意義があります。いったん確定してしまうと予算は内部志向，自己充足性を持ちます。そこに外部志向を強制的に持たせるため，予測を併用するわけです。

## （3） 予測の特性

アンソニーは予算との比較で予測が持つ特性を挙げています[54]。

---

- ・予測は財務的（monetary terms）に述べられる場合もあれば，そうでない場合もある[55]。
- ・期間は問わない。
- ・予測者は予測された結果を満たす責任を負わない。
- ・予測は通常，上位者によって承認されるものではない。
- ・予測は新たな情報が状況の変化を示すと迅速にアップデートされる。
- ・予測との差異は公式もしくは定期的には分析されない。

---

予算との比較でいえば，予測はその名のとおり純粋に可能性のある見通しを立てることが役割です。アンソニーはトレジャラーによる資金需要の予測を例に挙げた上で，予算が短期的な計画と統制のツールであるのに対して，予測は

---

54  Anthony and Govindarajan（2007, pp.381-382）
55  筆者の私見では，例えば市場シェア，業界における位置などを予測することが考えられます。

あくまで計画ツールであるとしています。この見解に従えば，短期的な業績管理は予測を重要な参考情報としつつ予算によって行うことが基本となります。

## （4）　実行予算とローリング予測

　石橋（2021，p.142）によれば，年度予算が抱える問題点のうち第三と第四に関して実行予算とローリング予測がグローバル企業では利用されています。

　実行予算は年度予算（基本予算）を達成するために作成されるもので，直近四半期までの業績を元に「向こう 2 四半期を対象とする利益予測」(p.142)です。年度予算は満足できる利益を達成するための当初予定といえます。予定どおりに業績が推移することは考えにくく，様々なズレが生じるのが通常と思われます。それでも年間の利益目標は会社全体として達成したい状況から示した水準であり，様々なズレを踏まえつつ最終的に達成することが求められます。そうした時，会社全体としてどのような対応が望ましいかを実行予算は示すことができます。

　次に，ローリング予測は「向こう12ヵ月を対象とする利益予測」(p.142)です。月ごとに作成され，毎月更新していくイメージです。ローリング予測は Beyond Budgeting を巡って特に注目されるようになりました。ローリング予測のポイントの一つは，年度という単位に縛られないことです。期間をどう取るか，詳細さをどうするかも自由です。Beyond Budgeting を巡る議論では，KPI を絞ってローリング予測すること等が提唱されました。また，伝統的な予算をやめてローリング予測を予算として使用する会社も登場しました。

　実行予算はあくまで年度予算の達成を目的にするのに対して，ローリング予測は年度を単位としません。ローリング予測の使い方はバリエーションがかなりあり，実行予算とローリング予測の使い分けや組み合わせも含めて会社によって多様性が認められます。

　一点，注意が必要とすれば，年度予算を放棄してローリング予測のみで動いている会社は依然として少ないという事実です。おそらく両者は組み合わせるのが基本的な正解と思われます。

## （5） ダイキン工業の予算管理

　伝統的な意味での予算管理の問題の焦点は，外部環境の変化に即して柔軟に運用できるかにあると考えられます。この点で興味深い事例がダイキン工業です。ここで紹介するダイキン工業の予算管理は，日本取引所グループが実施している企業価値向上表彰における講演を元にしています。講演資料と講演録が公開されていますので，検討をしてみてください[56]。予算管理だけでなく，「率の経営」と称してダイキン流の付加価値経営を推進している点でも注目できます。

　本題の予算管理に注目すると，ダイキン工業の予算管理を理解する上で重要となるのは，3つの予算が存在することです。

> ・当初予算
> ・改訂予算
> ・見直し予算

　そして，もう一つあらかじめ押さえておく用語があります。それが「**18ヶ月予算**」です。これは年度途中（9月）で経営計画を見直す（＝改訂予算の作成の）際に，年度内だけでなく翌年度までを見越して予算を作成することを指します。つまり当初予算と改訂予算は定期的に作成され，翌年度の当初予算は前年度の改訂予算を踏まえて作成するサイクルになっていると考えられます。当初予算と改訂予算の組み合わせは，「**短期と中期の両立**」が狙いです。

　次に，ダイキン工業の予算管理で特徴的なのは予算が頻繁に見直されることです。講演では「下手をすれば，しょっちゅう予算は変えております」，「極論を言いますと，3月末に予算を作って，4月に中身が変わっているということもよくあります」との発言があります。これはダイキン工業の事業構造が比較的シンプルで事業部門が整然としていることが土台にあり，その上で各部門や

---

56　https://www.jpx.co.jp/equities/listed‐co/award/03.html

商品の動きをつぶさに注視しながら行動を変えることが企業文化として定着しているからだと思われます。

　具体的な鍵となっているのは「月次管理」です（図表5-9）。

[図表5-9]　ダイキン工業の月次管理

月次管理によって，アクションにつながる項目を主体的に見ていく。
「年度予算の進捗管理を月次で行うこと」を通じて，変化を素早く把握し，課題抽出～対策立案～実行をタイムリーに展開し，目標とする業績（予算）を手の内に入れ，年度・半期・四半期の予算精度を向上させることを目指している（内容に応じて日次，週次でもフォロー）。

（出所）　https://www.jpx.co.jp/equities/listed-co/award/nlsgeu000002dzl5-att/2019_DAIKIN.pdf

　図表5-9にあるように，ダイキン工業の月次管理は年度予算の進捗管理が第一です。しかしながら，達成度合いを見ることを通じて行動計画（アクションプラン）の修正に重点を置いていることが講演からはうかがわれます。「ライバルが何か違う手を打ってくれば，すぐ自分の行動を変えなければなりません。そういう意味で，行動計画をどんどん変えていく。だから，予算もどんどん変わっていく」と説明されています。行動計画の変更が絶えず検討されるため，予算も連動して必要なら修正を繰り返すと解釈できます。状況変化を常に見ながら迅速に行動を変化させることが考えられています。

　このような柔軟性を持たせる予算管理で懸念されるのは，年度予算が持つ規範性はどうなのかという点です。柔軟なのはよいが，結局，行き先不明瞭となりはしないかという懸念です。これはおそらくダイキン工業の予算管理が全体としてうまく機能しているポイントで，年度予算の利益目標を必達としていることが重要です。会社全体として必達目標に行き着くよう，部門や細かい製品レベルでの動向をチェックして行動を変化させているというのが全体像と捉えられます。

## Q24 零細企業向けの経営計画

経営計画や予算を作るのが無理な場合どうすればよいでしょうか？

**A** 中小企業でもある程度の規模以上や大企業であれば，ここまで述べてきた経営計画や予算の話は必要性を認める程度に応じて取り組まれると思います。その一方で，特に街中の会計事務所（税理士事務所）が相手にする会社は中小企業といっても零細企業に区分される場合が多いと思われ，経営者の会計に対するリテラシーが低いケースも多数存在します。経営計画や予算を作成することが難しい場合，会計事務所がどう対応していけばよいか。これに対する筆者の基本的な回答は，スタートアップで採用されることが多いKPI（Key Performance Indicators）管理を利用するのがよいというものです。

## （1） A4三枚経営計画の概要

零細企業向けにKPI管理を推進すると一般論でいっても，内容がイメージしにくいと思われます。そこでLEC会計大学院の修了生である山本誉税理士が提案した「A4三枚経営計画」（山本誉，2021）を作成して経営管理に活かす方法を紹介します。これは，できるだけシンプルにKPIを絞り込み，その達成に集中して取り組み続けるための仕組みです。

[図表5-10]　A4三枚経営計画の構成と内容

① 一枚目上部：経営目標（会社の重要数値目標）
② 一枚目下部：経営方針（重要数値目標達成方針）
③ 二枚目～三枚目：目標達成のためのアクションプラン（行動計画）

（出所）　山本誉（2021，p.138）を抜粋編集

　Ａ４三枚経営計画を作成して効果的に運用するコツは，ともかくシンプルに徹することです。なお，作成に際してはフォントサイズも指定されています。フォントサイズは14ポイント以上です。見えやすいことが大事です。

　①の経営目標は会社にとって必達の数値目標，例えば経常利益であったり売上であったり，手元資金の目標と「多くても５つまで」（p.139）とします。②の経営方針は①の目標を達成するために重視すべき数値目標や行動指針を示します。月平均売上であったり，原価率や人件費率であったり，人材育成方針，業務管理体制の方針を書き込みます。数値目標の方は①の全体として達成したい目標の中間里程として押さえるべき数値を絞り込んで継続的にモニタリングします。行動目標（指針や体制）については，「経営者が絶えず課題だと考えている項目を記載」（p.139）します。会計事務所側から課題と感じられる点を経営者と話し合って記載していくのもありです。

　最後の③については，①と②を踏まえた具体的な行動計画を箇条書きします。

## （2）　Ａ４三枚経営計画の運用

　Ａ４三枚経営計画は当然，作成して終わりではなく，**使い倒すことが重要**です。そのための工夫がＡ４三枚経営計画にはあります。具体的には，経営者は一枚目だけをいつでも見える位置に置きます。また，常時携帯していつでも計画を確認できるようにします。絶えず見返すことが肝要です。また，経営者だけでなく従業員とも目標を共有するという意味で，朝礼等ルーティンの会議で必ず経営計画を確認し，達成度を共有していきます（p.141）。

　経営計画を経営者から従業員まで全員が共有して行動に徹することで，確実に目標を達成できる可能性は高まります。押さえるべきポイントを押さえながら徹底的に行動するのが，Ａ４三枚経営計画が意図するところです。

　経営計画にしても予算にしても，それを作成することが目的ではありません。何より必要なのは全体として満足できる成果を生み出すことです。その意味でKPIを絞り込んで行動することに徹するというのは，普遍的な方法でもあります。経営計画のエッセンシャル版として活用を検討してみてください。

130

〈本章の参考文献〉
・Robert N. Anthony and Vijay Govindarajan (2007) *Management Control Systems.* 12th Edition. International Edition. New York : McGraw-Hill Irwin.
・Frank G.H. Hartmann, Kalle Kraus, Göran Nilsson, Robert N. Anthony and Vijay Govindarajan (2020) *Management Control Systems.* Second European Edition. London : McGraw-Hill Education.
・石橋善一郎（2021）『経理・財務・経営企画部門のための FP&A 入門』中央経済社
・石橋善一郎・三木晃彦・本田仁志（2023）『CFO と FP&A』中央経済社
・昆政彦・大矢俊樹・石橋善一郎（2020）『CFO 最先端を行く経営管理』中央経済社
・橋本勝則・昆政彦・日置圭介（2020）『ワールドクラスの経営　日本企業が本気でグローバル経営に挑むための基本の書』ダイヤモンド社
・ヘンリー・ミンツバーグ（2007）『H. ミンツバーグ経営論』ダイヤモンド社
・山本誉（2021）『手元資金を増やす中小企業の経営改善の進め方』中央経済社
・芳野剛史（2021）『実践 Q&A　予算管理のはなし』中央経済社

## Column　戦略思考と戦略的計画の作成は異なる

　ミンツバーグ（2007）は，戦略思考と戦略的計画の作成が根本的に異なることを指摘しています。戦略思考は「いつでも，どこからでも自由に生まれてくることが大切」（p.230）で，統合（インテグレーション）が重要であり，直観と創造性が関係します。対して戦略的計画の作成で重要なのは分析です。何をどのようにいつまでに行うか，体制をどうするかなど戦略的計画の作成は概括的な見通しとしても分析的に物事を整理することが肝要です。ミンツバーグは「本当に戦略を変更するには，既存事業分野を再編するだけでなく，新分野を見つけ出すことも必要」（p.230）としており，両者のバランスは経営上，大きなポイントといえます。近年，注目されている両利きの経営には戦略思考と戦略的計画の作成の本質的な違いが関連していると思われます。

# 第 6 章

予予分析とバランスト・
スコアカードの位置付け

## Q25 伝統的な予実差異分析の意義と体系

予実差異分析は何のためにあり，その全体像はどういうもので
しょうか？

**A** 予実差異分析は伝統的に重要な役割を担ってきました。その名のと
おり予算に対する実績の進捗状況を評価する方法として理解されてき
ました。日本では各種の簿記検定や会計資格試験で必ずといってよいほど出題
されています。しかしながら，経営に即した理論的な観点から説明しているも
のはわずかです。そうした中で効果的な FP&A の12の原則は貴重かつ重要な
原則を示しています。それは原則４です。

### (1) 効果的な FP&A の12の原則：原則４の意義

原則４：予算と実績（および予算と予測）の差異発生理由を，迅速にビジネス
　　　　の面から明確にする。

上記のとおり原則４では差異発生理由を，「迅速に」「ビジネスの面から明確
にする」と謳っています。迅速というのは予実差異分析の存在意義に関わるポ
イントです。予実差異分析は一般に月次決算で使用されます。そうした時，例
えば前月の実績を評価するのが当月の半ばや下旬といったことでは，予実差異
分析の意義は失われてしまいます。なぜなら，予実差異分析は差異を分析する
ことで目標達成に向けたアクションをどうすればよいかの洞察（インサイト）
を得ることが基本的な目的だからです。図表１-１（６頁）でいえば，責任セ
ンター業績，業績評価，タスク・コントロールの３つのボックスをくるくると
回るところが，実績把握と改善の中心となります。予実差異分析は，この３つ
のボックスをうまく回すためにあります。したがって，差異の分析は迅速であ
ることが必須です。安本（2012, p.67）は月末締めであれば月明け５営業日ま

[図表6-1]　差異を把握する要素分解のイメージ

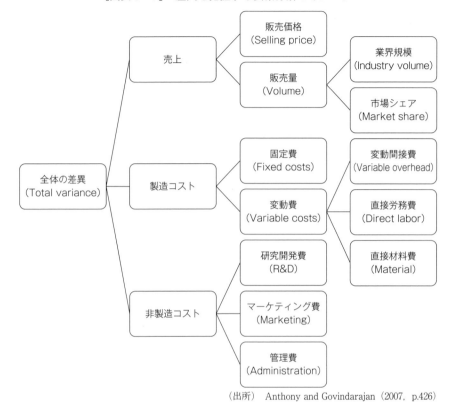

（出所）　Anthony and Govindarajan（2007, p.426）

でとしています。

　次に，ビジネスの面から明確にするという表現も予実差異分析の根源的な意義を示しています。大事なことは，予算と実績の数字上の差異は入口でしかないという点です。**図表6-1**にあるように，全体の数字上の差異を入口として，具体的にどの製品やサービスで差異がどのように発生しているかを収益と費用の両面で見ていきます。そして，どの地域や担当者（責任者）のところで差異が生まれているかを特定します。ここまでは前処理といえる段階です。そこから差異が生じている理由や要因を検討します。ビジネスの面から明確にするこ

とを考えます。事業に関わっていれば，その理由が様々浮かぶと共にどう行動すればよいかも浮かんでくるはずです。それを当事者同士で議論して今後の見通しや対応の方向性を共有することが予実差異分析には求められます。

そして，ビジネスの面から明確にすることは，全体の差異がゼロ（0）の場合も含みます。なぜなら，たまたま差異が発生していない可能性もあるからです（収益から費用を差し引いた結果たまたま差異が発生しなかった）。また，仮に収益と費用の両面で予定どおりに実績が推移していたとしても，予実差異分析を通して改めて理由を把握・共有することは重要です。

## （2） 予実差異分析の効果的な進め方：責任会計に基づく展開

予実差異分析を効果的に進める前提は責任会計制度が整備されていることです。アンソニーは「効果的なシステムは差異を管理の最も低いレベルで特定する（Effective systems identify variances down to the lowest level of management.)」[57]と述べており，差異を発生現場（管理単位）に紐づけられるかが，改善のアクションを具体的に検討できるかを分けます。

また，予実差異分析は最初から詳細化するのではなく「玉ねぎの皮むき（peeling the onion)」[58]アプローチで臨むことが有効です。一つずつ要因を検討し，価値ある知見を得られるよう段階的に詳細にしていきます。そして追加的な知見が得られないと思われた段階で詳細化を止めます。目的は重要な要因を特定することですから，闇雲に詳細にすればよいのではなく，洞察（インサイト）を得ることが肝要です。利益センターである会社全体から収益センターである営業部とコスト・センターである製造部や購買部，管理部へと全体の差異を展開して紐付け，必要なら差異を詳細化して検討していきます。

---

57　Anthony and Govindarajan（2007，p.425)
58　Anthony and Govindarajan（2007，p.436)

## （3）　固定予算と変動予算による予実差異分析

　それでは，どのような洞察が得られればよいのか。石橋（2021）はFP&Aプロフェッショナルの立場から，予実差異分析の目的を「過去情報を基に意思決定に必要とされる正確な予測を作成すること」（p.154）としています。つまり，正確な見通しを立てることを目的とします。そして，その具体的な方法として固定予算と変動予算による予実差異分析を紹介しています。

　固定予算は年度予算であり実績と比較する一番の対象です。固定予算と実績との差異は「固定予算差異（Static Budget Variance）」と呼ばれます。収益と費用の両面で単純に両者の差異が固定予算差異になります。

　固定予算差異は「販売活動差異（Sales Activity Variance）」と「変動予算差異（Flexible Budget Variance）」に分かれます。ここで登場する変動予算は，固定費部分と前提（単位当たり価格，単位当たり変動費など）が固定予算と同一で，変動費部分を実際の売上数量（操業度）で変動させて作成されます。したがって，固定予算差異のうち変動予算差異の部分は効率性の差異を表します。そして，もう一つの販売活動差異は当初予定した固定予算差異との純粋なズレとなるため，意図した戦略の有効性（効果性）の差異（ズレ）となります。

[図表6-2]　固定予算と変動予算による差異分析の繋がり

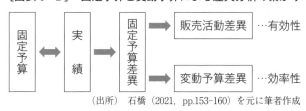

（出所）　石橋（2021, pp.153-160）を元に筆者作成

　販売活動差異と変動予算差異は，それぞれさらに分解されます。販売活動差異は売上ミックス差異と売上数量差異に，変動予算差異は価格差異と能率差異に分解されます。

　先に変動予算差異の方に目を向けると，前述のとおり変動予算差異は当初予

[図表6-3] 販売活動差異と変動予算差異の要素分解

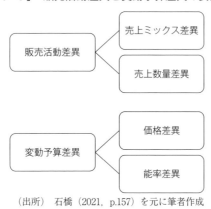

（出所）　石橋（2021，p.157）を元に筆者作成

算である固定予算と前提が同じであることから，実績の価格面と能率面との差異が計算されます。当初予定との間でなぜそのような価格面や能率面の違いが生まれたのかという問いが重要になります。

　一方，販売活動差異は変動予算差異では説明がつかない，つまり効率性の違いではない有効性の違いを売上ミックス差異と売上数量差異に分解します。石橋（2021）によれば，「販売活動差異は戦略の有効性を測定する目安となる点で，予実差異分析における重要性が高い」（p.157）とされます。当初，予定した売上の数量やミックスが実績との間で，どの程度ずれているのかを見ることが販売活動差異の意義といえます。

　まとめると，変動予算差異で価格面や能率面のずれを確認し，販売活動差異で売上予測（数量とミックス）のずれを確認するというのが，固定予算と変動予算を用いた差異分析の狙いと考えられます。

　なお，変動予算差異に関しては製造間接費の変動費部分の差異があります（変動製造間接費支出差異，変動製造間接費能率差異）。また，製造間接費の固定費部分の予算差異も残る部分として存在します。石橋（2021）によれば，これらは「FP&A プロフェッショナルの実務では，（中略）検討することは行われていない」（p.160）とされます。なぜなら「予実差異分析の目的は，過去情

報を基に意思決定に必要とされる正確な予測を作成することにあり，ほとんどの場合において月次会議における経営意思決定に関連のない情報」（p.160）だからです。

　この指摘は極めて重要で，先のアンソニーの玉ねぎの皮むきアプローチによって分析目的に照らして必要な洞察が得られた段階で分析を終わることの，FP&A 実務における実際的なラインが示されていると考えられます。短期で正確な予測を立てることが目的の場合に何よりも売上と売上総利益の正確性に注目するのは重要と目されます。製造間接費の多くは固定費もしくは固定費的性質を有しています。したがって，短期的には動かしようがないことが考えられます。そうすると，何よりも売上と仕入及び在庫を踏まえた売上原価の分析に集中して，売れ行きが戦略どおりか価格や能率の面でも想定どおりに動けているかを確認し，次の見通しを立てることの合理性が理解できます。

　もう一つ付言すると，図表 6 - 1 のアンソニーが示している要素分解のイメージと固定予算と変動予算による予実差異分析の間では，特に戦略の有効性を確認するという点で考え方は共通しています。市場規模や市場シェアとの関連を踏まえた分析を行う必要性を図表 6 - 1 のアンソニーの分析体系は主張していますが，固定予算と変動予算による予実差異分析は当該問題意識を内包していると考えられます。結局，売れ行きが想定どおりとなるかどうかの見通しは市場規模や市場シェアに対する理解を前提に立てられるので，見通しに正確性を期すほどに意識せざるを得ないと思われます。

## Q26 予予分析（予算予測差異分析）の理論的位置付けと可能性

予予分析の意義は何なのでしょうか？

**A** 　伝統的な予実差異分析は予算に対する実績の進捗状況を評価するということで，フィードバックの手法として理解されてきました。第1章のQ3で示したエアコンの例を思い出してみましょう。

　図表1-6に即していえば，伝統的な予実差異分析は室温を設定温度に近づけるために風量や風の冷たさを変更するフィードバックのイメージが念頭に置かれています。目標に対して実績を近づけていくためにどのような対応が望ましいかを具体的に定めることが，フィードバックという表現に込められています。そして，実績を目標に近づけていくには正確な見通し＝予測の把握が欠かせません。この見通しに重点を置いた方法が予予分析（予算予測差異分析）です。

　予予分析は伝統的なフィードバックに対してフィードフォワードとして基本

（再掲）［図表1-6］　エアコンを例にした室温をコントロールするための要素

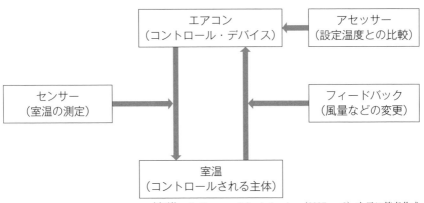

（出所）　Anthony and Govindarajan（2007，p.3）を元に筆者作成

的に位置付けられます。目標と予測の差異に焦点を当てることから，フィード
バックではなくフィードフォワードであるという理解です。エアコンの例でい
えば，設定温度（目標）に対して室温が近づくのに現状の風量や風の冷たさか
らすると何分で到達できるかを表示する機能といえます。また，予測だけに絞
れば室温がどのように変化していくかを表示する機能です。

## （1）　グローバル企業におけるフィードフォワード・コントロール

既述のとおりグローバル企業は図表 5-5 の❹にある年度末予測を行う
フォーキャストを利用しています。予予分析は年度予算❸とフォーキャスト❹
の差異に焦点を当てます。

第5章のQ23で紹介したようにグローバル企業では実行予算とローリング予
測を併用するなどして年度末での年度予算目標の達成と共に，中長期的な見通

**（再掲）〔図表 5-5〕　グローバル企業の経営計画と予算**

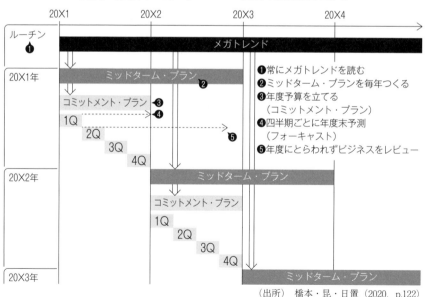

（出所）　橋本・昆・日置（2020, p.122）

しを常に保持することに努めています。その目的は中長期的な見通しを持ちつつ年度予算で立てた満足できる利益を確実に達成することです。未来予測と目標との差異を重視するという意味では，フィードフォワード・コントロールに重点が置かれているといえます。図表5－5の❶常にメガトレンドを読むことや❺の年度にとらわれずビジネスをレビューするという点も含めると，外部環境（の変化）や未来に対して相当な意識が向けられています。

## （2）　予予分析の理論的位置付けの検討

　予予分析は昆・大矢・石橋（2020，p.159）で提唱されました。昆は「これからの時代は予算と予測の差異分析である予予分析へ主軸が移るであろう」（p.159）として，「今後は未確定で不確実な世界での予測数字確定能力が問われてくる」（p.160）と展望しています。これはフィードバックからフィードフォワードに重点が変わることを予言したと考えられます。

[図表6-4]　予算管理に関わる技法の位置付け

| 管理会計技法 | FF コントロール | FB コントロール |
|---|---|---|
| 予算管理 | 予算編成方針と予算案<br>参加型予算編成による動機づけ<br>予算と実績見込み<br>予算の改訂 | 予算と実績 |

（出所）　上總・澤邉（2015，p.148）を抜粋

　管理会計研究の世界ではフィードバックとフィードフォワードを巡って様々な研究の蓄積が行われてきました。丸太（2015）によれば，「FB は期中や期末における目標値と実績値の差異の把握（SLFB）および期末における目標値の改訂（DLFB）であるのに対して，FF は期首や期中における目標値と予測値の差異の把握（SLFF）および期中における目標値の改訂（DLFF）である，という原理的な理解」（p.149）を基礎に研究が蓄積されてきました。引用文中の FB はフィードバック，FF はフィードフォワードで，FB と FF の前につい

ている SL はシングルループ，DL はダブルループです。この定義に従えば，予予分析は明らかにフィードフォワードの技法となります（**図表6-4**）。

　しかしながら，単純にフィードフォワードだけということにはなりません。なぜなら，予予分析は実績値を元に残り期間での予算の達成可能性を見通そうとするからです。伊藤（2014）によれば，純理論的なフィードフォワードは「外乱の影響を事前に予想し実績値の変動に現れる前に，事前にその影響を除去するような修正行動を行うことで目標を達成しようと」（p.98）します。残り期間での予算の達成可能性を見通すという意味ではフィードフォワードですが，実績値を踏まえて見通しを立てる（見通しを立て直し続ける）という意味ではフィードバックの前倒しです。つまり，予実差異分析と予予分析を併用することは重層的なフィードバックを行っていると解釈できます（p.99）。

　**図表6-5**でいえば，②の1年間の予算見込比較△70（不利差異）が予予分析に該当します。①は伝統的な予実差異分析で事後的に予算の達成状況を評価しています。対して②は第一四半期の実績を踏まえて年度予算の達成見込（予測）を事前的に評価しています。

［図表6-5］　見込管理によるフィードバック情報

| | 2014年 | | | | 2015年 | | | |
|---|---|---|---|---|---|---|---|---|
| | 1Q | 2Q | 3Q | 4Q | 1Q | 2Q | 3Q | 4Q |
| 予算 | 160 | 200 | 150 | 180 | 140 | | | |
| 見込 | | 180 | 140 | 160 | 120 | | | |
| 当期実績 | 145 | | | | | | | |
| 前期実績 | 165 | 210 | 160 | 200 | 145 | | | |

3種類のフィードバック情報
①当四半期（1Q）の予算実績比較　　△15（不利差異）
②1年間の予算見込比較　　△70（不利差異）
③前期（1Q）の時系列比較　　△20（不利差異）

（出所）　伊藤（2014, p.98）

　純理論的なフィードフォワードは外乱の影響を事前に予想できなければなら
ず，完全に実現するのは困難です。そこで，伊藤（2014）は「フィードフォワー
ド制御を充実させるためには，事前計算を組み込んだフィードバック制御との
併用が不可欠」（pp.99-100）とします。つまり，事後的な予実差異分析と事前
的な予予分析を組み合わせることで，完璧には行かないフィードフォワード制
御の有効性（実行可能性）を高めようということです。ただし，伊藤（2014）
は「実務上の留意点として，計画値の正確性と是正措置の適切性をいかに確保
するかという問題が生じる」（p.100）と指摘しており，計画値（予測値）によっ
て評価が全く変わってくることやそれに基づく是正措置（修正行動）の適切さ
は慎重を要します。

## （3）　トイザらスの事例に見る予予分析の実践

　予予分析を用いる際には予測値の正確さと是正措置の適切さが留意点になり
ます。トイザらスの事例はまさにその留意点を意識したマネジメントが行われ
ていたことを示しています。

[図表6-6]　トイザらスの月次報告書の構成

| ××年4月 | | | | | ××年5月 | | | | |
| 実績 | | 差異－有利差異/（不利差異） | | | 予測 | | 差異－有利差異/（不利差異） | | |
| 金額<br>（百万円） | 対前年同<br>月成長率<br>（%） | 対前月作<br>成の予測 | 対年度<br>予算 | 対前年<br>同月実績 | 金額<br>（百万円） | 対前年同<br>月成長率<br>（%） | 対前月作<br>成の予測 | 対年度<br>予算 | 対前年<br>同月実績 |

（出所）　石橋（2021，p.152）を抜粋編集

　石橋（2020，p.161）によれば，同社では予測の正確性をランキングするプ
ロセスが取られていました。各国のCFOが毎月提出する予測をランキングし
て共有するわけです。このプロセスを設けることで，フィードフォワード制御
の実質的な鍵となる予測の精度を高いレベルで維持することが図られていたと
考えられます。

　また，図表6-6を見るとトイザらスの月次報告書は前年度比較，予実差異分析，加えて予予分析が組み込まれていることが分かります。報告書全体で前年度に比べてどうか，予算に比べてどうか，そして予測の精度はどうかと問われる構成になっています。中でも網かけをした「対前月作成の予測」を実績と予測の両面で差異を報告することになっている点が注目できます。

　図表6-6は月次報告書の構成を抜粋して表示しているだけです。したがって，各タイトルの下には損益計算書の各項目がずらっと並びます。売上高から始まって営業利益まで各費用項目も含めて実績と予測が書き込まれます。

　石橋（2021，p.153）は，この月次報告書の作成にあって**最も時間を要したのが売上高と売上総利益の予測**を作成することだったと述べています。予算作成の出発が販売予算からであるように，やはり最も不確実なのは売上です。売上予測の精度を上げるために商品カテゴリーごとに商品計画，販売計画，仕入計画，在庫計画を作成し，売上高と売上総利益の**実績値を日次と週次で管理**していたことが紹介されています。これは個数などの非財務情報を元に実績管理を行うと共に予測の精度を向上させる狙いがあると考えられます。

## （4）　中小企業こそ見込管理を活用する

　筆者は中小企業こそ予予分析，見込管理を大いに活用すべきだと考えています。経営計画や予算を持たない会社でも，前年度実績は存在します。例えば，**目下の実績と前年度実績を元に今年度の着地予想を毎月チェック**してみると，見込管理の効能を実感できるはずです。

　安田（2015，p.150）は着地予想を毎月チェックしている会社は赤字になりにくいと述べています。中小企業では予算がない場合も多いですが前年度実績はあります。重要なことは年度末に満足できる利益を達成することです。この点を重視して，見込管理を推進しましょう。筆者の授業や論文指導を通じた印象では，会計事務所が実施している月次監査は試算表の説明や予実差異分析，前年度との比較に終始している模様です。改めて原点を確認すると，フィードバックを行うのは予算という達成したい目標を前提に実績の状況，目標に対す

る立ち位置の確認，改善点の抽出が目的です。しかしながら，ともすると分析のための分析や目的が曖昧なままでのひたすらな説明になる傾向が散見されます。そこで，元々の目的をよりクリアに意識できる見込管理を前面に押し出します。

[図表6-7]　売上を軸とした見込管理のイメージ

| | 1月 | 2月 | 3月 | 4月 | … | 計（1月～12月） | 前年同月累計（3月まで） |
|---|---|---|---|---|---|---|---|
| 20X3年実績（昨対） | 610（103%） | 510（94%） | 690（92%） | | … | 1,810 | 1,810（96%） |
| 20X2年実績（昨対） | 590（104%） | 540（106%） | 750（100%） | 560（85%） | … | 7,000（98%） | 1,880（103%） |
| 20X1年実績 | 570 | 510 | 750 | 660 | … | 7,150 | 1,830 |
| | | | | | | | |
| 12ヶ月平均 | 585 | 583 | 578 | | | | |
| ＊12ヶ月平均＝(当月売上高＋直近過去11ヶ月の売上)/12 | | | | | | | |

（出所）　安田（2015, pp.152-153）を抜粋改変

　図表6-7は売上にフォーカスした見込管理のイメージです。昨年度，一昨年度に比べて今年度がどう推移しつつあるのかを見ます。この目的は期末に向けた進捗を意識することです。期末の着地を常に意識できる仕組みとして活用します。そして，図表6-7の一番下に売上の12ヶ月平均が記載されているのは，平均的な売上を立てる力がどのように推移しているかを示しています。12ヶ月の移動平均を使うことで，季節変動などの影響を排除した平均的な会社の実力を見ることができます。これによって，果たして会社の売り上げを立てる力が伸びてきているのか，落ちてきているのかを見ます。

　図表6-7はあくまで売上にフォーカスしていますが，売上だけとする必然性はありません。最も不確実性の高い売上の推移に集中するのはもちろんとして，最終的に満足できる利益を達成できるよう見込管理を行うことが望まれます。

## （5）　前年度実績に基づく長期予測を活用する方法

　見込管理は年度末を意識して行うことで相当な有用性が発揮されますが，予測の活用はもっと長期間で行うことがあってよいです。例えば，前年度実績に基づいて長期の予測モデルを活用する方法があります。基本的なアイデアは，前年度実績がそのまま今後3年や5年続くと仮定すると財務三表がどのように変化するかを見ることです。予測を作成するというと，どれだけ精緻な予測を作ることができるかとなりがちですが，予測はざっくり，大胆な仮定で行うことがあってもよいです。予測モデルを更新しやすいようにしておくことがコツです。複雑ではなくシンプルに作って，必要な変化をさせてみます。

　例えば，LEC会計大学院の「マネジメント・シミュレーション1」では，ラーメン店をモデルにした財務三表の長期予測モデルの作成を行っています。実際にラーメン店をモデルに作成してみると，手元資金がいつの時期に枯渇する可能性があるかが示唆されたり，何より3年後や5年後に借入金がなくなるかもといったことが分かったりします。長期目線で物事を考えられるようになります。

　最後に，昆（2020，p.160）の指摘を紹介します。

　予予分析は，時間軸が長くなれば長くなるほど経営効率をあげることができ，（中略）近視眼的思考を中長期思考に変えて，より健全な経営管理体制を構築できる。したがって，未来志向（ヘッドライト経営）は，今後CFOやFP&Aにとって最も重要な視座になるであろう。

## Q27 財務的コントロール・システムの限界と非財務情報への拡大

バランスト・スコアカードの意義は何なのでしょうか？

**A** 　業績評価システムの目的は戦略を実行することです。業績評価というと評価すること自体が目的化しそうですが，マネジメント・コントロール・システムの重要な一部としての業績評価システムは戦略実行をサポートすることが役割です。戦略実行を駆動する仕組みとして機能することが重要です。

　業績評価システムの代表は伝統的に予実差異分析です。年度予算があれば，その達成は必須ですので，必然的に予実差異分析が重要になります。前述のQ25で予実差異分析から予予分析に重点が移行している様相を説明しましたが，トイザらスの例を見ても分かるように正確な予測を行うには予実差異分析を丁寧かつ徹底的に財務だけでなく非財務情報に渡って行うことが必要です。現状把握や推移の把握が物量と価格の両面で行われて，初めて適切な実績評価と未来予測が可能になります。

### （1）　効果的な FP&A の12の原則が志向する業績評価システム

　改めて効果的な FP&A の12の原則を見てみると，財務だけでなく非財務情報ないし業務情報に目配せして原則を挙げていることが分かります。例えば原則5と6は目標設定の段階から財務と非財務の両面を取り扱うことが謳われています。

---

原則5：財務上の目標および業務（オペレーション）上の目標の達成に乖離が発生した場合，是正措置を講ずる。

原則6：全社レベルの財務上の目標および非財務上の目標を，より具体的に目

---

標に変換して現場レベルの目標として設定する。

また，原則7と8では金銭的報酬としっかり結びつけることが謳われています。

原則7：マネジャーおよび従業員に財務上の目標の達成に責任を持たせ，財務
　　　　上の目標と金銭的な報酬を結びつける。
原則8：マネジャーおよび従業員に業務（オペレーション）上の目標の達成に
　　　　責任を持たせ，業務（オペレーション）上の目標と金銭的な報酬を結
　　　　びつける。

　これらは財務と非財務を連係させた業績評価システムが，FP&A が活躍するための仕組みとして望ましいと考えられているからにほかなりません。予実差異分析は過去の結果を分析するもので，過去に遡って業績を改善することはできません。予予分析も前述のとおり現状の適切な把握に基づくことが必要です。何より財務的結果の背後にある業務実態が優れていなければ，全ては砂上の楼閣になってしまいます。財務情報はあくまで行動の結果でしかないのです。
　図表6-8は筆者が財務分析の授業で使用しているスライドです。財務情報を扱う場合に重要な思考法として，遡り思考と往復思考があります。いうまで

[図表6-8]　財務情報と経営の繋がり

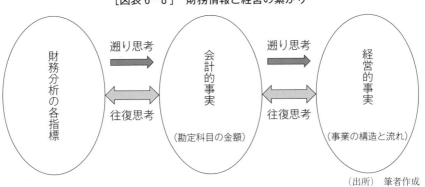

（出所）　筆者作成

もなく図表6-8でいえば一番右の経営的事実が優れた状態になることが全てです。会計的事実やそれを元に計算される財務指標は変換した結果にしか過ぎません。

## （2） 財務的コントロール・システムの限界

アンソニーは財務的コントロールのみへの依存がいくつかの理由から逆機能することを示しています[59]。筆者の解釈で要点をまとめると次のようになります。

---

① 短期的な利益水準を満たすことに躍起になり，企業の長期的な価値を毀損する。極端な例でいえば，品質が劣る製品を手早く提供して短期の売上や利益を確保する。
② 短期の利益を得るために長期的に有益な行動を取ることができない。例えば，数年後の成果となる研究開発は当該年度の利益を圧迫する。同様に，リスクのある投資活動に乗り出そうとしない（長期の不確実性より短期で利益を確保する）。
③ 短期の利益のみ，しかもそれが個人の業績評価と結びつく場合，利益目標が低めに設定される予算スラックが発生する可能性が高くなる。修正への対応も遅くなる。
④ データの操作や故意に不正確な情報を示す。会計手法の選択で操作する場合もあれば，データそのものを偽る場合もある。

---

上記の4点は多かれ少なかれ発生する可能性があります。図表6-6と関連させて言えば，経営的事実を事後的な会計的事実や事前的な財務予測を使っても適切にリードできない可能性があるということです。戦略の実行をサポートすることに照らすと，満足できる状況ではありません。そこで管理会計の世界で考え出されたのが，財務だけでなく非財務情報を積極的に活用して統合的に運用するバランスト・スコアカードでした。

---

59 Anthony and Govindarajan（2007, pp.460-462）

## （3）　業績評価システムの目的に合う設計思想

　元来，業績評価システムは第1章のQ4で示した図表1−9にあるように，会社が選択している戦略に基づいて重要成功要因を特定し，業績を測定・評価することが必要です。**重要成功要因に即して指標を厳選する**ことが，業績評価システムが戦略を実行支援するという目的に沿う最も重要なポイントです。

　指標を厳選する際には財務だけでなく非財務情報を含むことが必要になります。また，それらをどのように関連づけて運営するかが実際に機能するかを分けます。この点でバランスト・スコアカードを巡って蓄積された知見は大いに参考になります。非財務情報を明示的に組み込むバランスト・スコアカードは，**戦略の実行可能性を高める**ことに意義が認められます。

（再掲）［図表1−9］　戦略実行ツールとしてのコントロール・システム

（出所）　Anthony and Govindarajan（2007，p.471）より筆者作成

## Q28 バランスト・スコアカードの基本フォームと留意点

バランスト・スコアカードの基本的なフォームや留意点は何でしょうか？

**A** 経営行動の結果である財務指標だけでなく行動そのものを捉える非財務指標を活用することで，戦略の実行可能性を高めることがバランスト・スコアカードの基本的な意義です。これは完全に筆者の私見ですが，バランスト・スコアカードはシンプルであることが望ましいです。財務指標以外に非財務指標を組み込んで戦略の実行状況を可視化するというのは，とても流麗な響きを持っているものの，ともすると形だけが先行するところがあります。また，バランスト・スコアカードを共有する誰もがその意図するところを理解できなければなりません。

### （1） バランスト・スコアカードの基本フォーム

バランスト・スコアカードは1990年代初頭に提唱されました。その際に示さ

[図表 6 - 9] バランスト・スコアカードの典型的な 4 つの視点

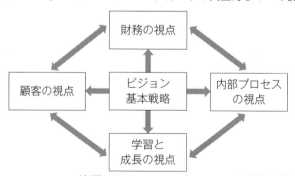

（出所） Hartmann et al.（2021, p.324）を筆者編集

れたのは，多元的な業績評価システムとして4つの視点を持つことでした。

　4つの視点は必ずバランスト・スコアカードで備えなければならないということではありません。適用する組織やプロジェクトの内容に合わせて視点を増やすことや絞ることもあってよいです。そして何より大事なことは，**バランスト・スコアカードに基本的なストーリーを持たせる**ことです（縦の因果連鎖）。

　図表6-10は金（2020）で紹介されている設例に基づく戦略マップです。洋菓子事業部（洋菓子店）を舞台にした例として描かれています。洋菓子店をイメージして図表6-10を見てみると，優れた商品を生み出すパティシエを確保することと従業員満足度の向上を継続的に重視して取り組むことで，魅力的な新商品の開発と接客プロセスの改善が生まれ，実際に魅力的な新商品が提供されると共に顧客満足度が向上して最終的に収益性が向上するといった基本ストーリーが読み取れます。

　戦略マップは，その会社や適用する組織，プロジェクトの基本戦略，戦略ストーリーを可視化します。図表6-10は簡単すぎるという意見を持つ方もいる

［図表6-10］　基本ストーリーを可視化する戦略マップ

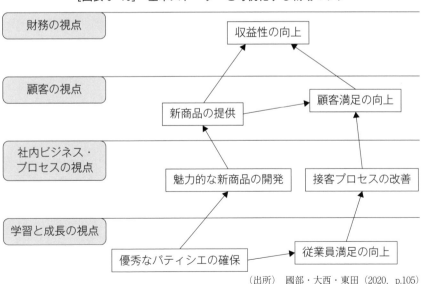

（出所）　國部・大西・東田（2020, p.105）

かもしれませんが，このくらいシンプルなストーリーを幹部分で持つことがポイントです。得てしてその組織にとっての重要成功要因やKPIというのは多くはありません。むしろ，ここという肝になる部分を見定めて堅持していくことが，持続的に発展する鍵となります。

**[図表6-11]　洋菓子事業部のバランスト・スコアカード**

| 視　点 | 戦略目標 | 業績指標 | 目標値 | 実施事項 |
|---|---|---|---|---|
| 財務 | ・収益性の向上 | ・ROI | ・5％ | ― |
| 顧客 | ・新商品の提供<br>・顧客満足の向上 | ・新商品売上比率<br>・顧客満足度 | ・20％以上<br>・80％以上 | ・新商品プロモーション<br>・顧客アンケート |
| 社内ビジネス・プロセス | ・魅力的な新商品の開発<br>・接客プロセスの改善 | ・新商品開発件数<br>・接客プロセス改善件数 | ・年間20件<br>・年間50件 | ・高品質材料の仕入<br>・新商品開発チーム組織<br>・接客改善検討会議 |
| 学習と成長 | ・優秀なパティシエの確保<br>・従業員満足の向上 | ・離職率<br>・従業員満足度 | ・10％未満<br>・90点以上 | ・社内教育・研修の実施<br>・資格取得の支援<br>・従業員アンケート |

（出所）　國部・大西・東田（2020，p.102）

　図表6-11は図表6-10の洋菓子事業部のバランスト・スコアカードです。戦略マップを踏まえ，各視点における戦略目標，業績指標，目標値，実施事項を見ていくと，具体的に何を推進するのかが理解しやすいと思います。何のために何を為していくのか，全体の繋がりをイメージして具体的な各施策を捉え組織全体で理解を共有していきます。

## （2）　バランスト・スコアカードを作成する基礎

　ここまでの説明から，財務指標のみの業績評価システムに比べてバランスト・スコアカードがいかに多元的に組織全体を戦略に基づいて駆動できるかは

明らかだと思います。それでは，バランスト・スコアカードを作成する基礎が
どのような点にあるのかを次にアンソニーの見解[60]を参考に説明します。

---

・財務指標と非財務指標を用いる
・成果指標とドライバー指標を用いる（横の因果連鎖）
　成果指標は遅行指標（lagging indicator）とも呼ばれ，戦略に関して何が結
　果しているか（what has happened）を示します。対してドライバー指標
　は先行指標（leading indicator）とも呼ばれ，戦略実行の進捗（the prog-
　ress）を示します。ドライバー指標と成果指標を結びつけることで，結果と
　原因の関係（因果関係）を管理します。
・内部指標と外部指標を用いる
　顧客満足度といった外部指標と業務プロセスに関する内部指標との間でバラ
　ンスを取ることは必須です。外部と内部のバランスを考え続けられる指標を
　設定します。
・測定が変革を駆動するようにする
　最も重要な観点は，組織が戦略に合致して行動することを生み出すことです。
　単なる指標の羅列とならないようにしなければなりません。

---

　上記の内容で補足しておきたいのは，成果指標とドライバー指標についてで
す。図表6−9では明示的にドライバー指標は載っていませんが，実施事項に
ある項目を測定することでドライバー指標となります。明示的に成果指標とド
ライバー指標を用いている別の事例を図表6−12に示します。

　バランスト・スコアカードは戦略マップによって視点間の縦の因果連鎖，基
本的な戦略ストーリーを示します。そして，成果指標とドライバー指標によっ
て横の因果連鎖，目的と手段の関係を示します。**縦の因果連鎖と横の因果連鎖
を一体にする**ことで，戦略実行の全体像を描きます。

---

60　Anthony and Govindarajan（2007，pp.463-465）

[図表6-12] 小売企業のバランスト・スコアカード

| 視点 | 1. 戦略目標 | 2. 成果指標 | 3. パフォーマンスドライバー |
|---|---|---|---|
| ①財務 | ・売上の増加<br>・収益性の上昇<br>・資産効率の上昇 | ・対前年同月比売上高増加率<br>・対売上高売上総利益率<br>・棚卸資産の交差比率（商品回転率と粗利益率の乗数） | |
| ②顧客 | ・顧客獲得<br>・顧客維持<br>・信頼のブランド | ・新規顧客獲得件数<br>・月に1回以上買い上げのある顧客の割合<br>・ネットプロモータースコア | ・チラシ広告の本数<br>・ポイントカード導入<br>・レジにおける子供さんへのコミュニケーション |
| ③社内ビジネスプロセス | ・機会の認識<br>・顧客との関係構築<br>・迅速な商品提供<br>・店舗運営コスト低減 | ・新規店舗の開店<br>・ポイント会員顧客の増加数<br>・商品の店舗からの出荷数<br>・開店時間の最適化 | ・商圏調査<br>・CRMプログラムの導入<br>・実店舗におけるオンライン店舗での受注商品出荷プロセスの改善<br>・店舗閉店時間の前倒し |
| ④学習と成長 | ・顧客価値創造のスキル<br>・情報システム活用<br>・知識共有の組織風土 | ・専門知識を持つ従業員の割合<br>・在庫関係報告資料の作成にかかる時間数<br>・従業員の提案件数 | ・資格取得助成制度<br>・在庫関係報告資料作成プロセスの自動化プロジェクト<br>・懸賞制度 |

（出所）石橋（2021, p.144）

## （3） バランスト・スコアカードの効果と留意点

　バランスト・スコアカードは業績評価システムの目的でありマネジメント・コントロール・システムの目的である戦略を実行する可能性を，財務のみのコントロール・システムに比べて飛躍的に高めます。財務に加えて非財務指標を用いるという点が大きいわけですが，このことによってマネジメント・コントロール・システムの大きな鍵である目標の整合性が高まることにも注目する必要があります。また，測定される数値によって会社やプロジェクトの現状が浮き彫りになります。各目標の間で行動に矛盾が生じるといった場面もあるかも

しれません。そうであれば，矛盾を契機に議論することが肝要です。

　最後に，バランスト・スコアカードがマネジメント・コントロール・システムとして機能するためのステップ[61]を紹介します[62]。

---

① 戦略を定義する（Define Strategy）
② 戦略の測度（指標群）を定義する（Define measures of strategy）
③ 測度（指標群）を管理システムに統合する（Integrate measures into the management systems）
④ 測度（指標群）と結果をしばしばレビューする（Review measures and results frequently）

---

　上記①と②はここまで説明してきていることです。それに加えて③と④が重要です。③はバランスト・スコアカードが単に業績を測定するだけでなく，業績評価システムとして機能するための重要な要件です。責任会計システムとして統合し，報酬制度に連係することで個人と組織の目標の整合が高まります。そして，④は経営計画や予算と同様でいったん作成して終わりでなく継続的にレビューしてアップデートすることが肝要ということです。マネジメント・コントロールの重要プロセスとして組み込み，繰り返しの仕組みにすることで，戦略そのものの見直しを含め**ダブルループ学習を促進**できます。ダブルループ学習はバランスト・スコアカードを用いる真骨頂ともいえる部分です。戦略の実行だけでなく創発を促すように運用することがコツといえます。

### 〈本章の参考文献〉

・Robert N. Anthony and Vijay Govindarajan (2007) *Management Control Systems*. 12th Edition. International Edition. New York : McGraw-Hill Irwin.
・Frank G.H. Hartmann, Kalle Kraus, Göran Nilsson, Robert N. Anthony and Vijay

---

61　Anthony and Govindarajan（2007, pp.467-468）
62　石橋（2021, p.145）はさらに具体的にバランスト・スコアカード適用時の考慮事項を挙げています。

Govindarajan (2020) *Management Control Systems*. Second European Edition. London : McGraw-Hill Education.
・石橋善一郎（2021）『経理・財務・経営企画部門のための FP&A 入門』中央経済社
・伊藤克容（2014）「将来志向の予算管理実務に関する検討―『見込管理』における フィードバックとフィードフォワード機構の結合―」『成蹊大学経済学部論集』第 45 巻第 1 号
・金宰弘（2020）「非財務指標を活用する」國部克彦・大西靖・東田明編『1 からの 管理会計』碩学舎
・昆政彦・大矢俊樹・石橋善一郎（2020）『CFO 最先端を行く経営管理』中央経済社
・橋本勝則・昆政彦・日置圭介（2020）『ワールドクラスの経営　日本企業が本気で グローバル経営に挑むための基本の書』ダイヤモンド社
・丸太起大（2015）「管理会計研究におけるフィードフォワード・コントロール論の 系譜」上總康行・澤邉紀生編『次世代管理会計の礎石』中央経済社
・安田順（2015）『銀行員はココを見ている　社長のための「中小企業の決算書」読 み方・活かし方』日本実業出版社
・安本隆晴（2012）『ユニクロ監査役が書いた強い会社をつくる会計の教科書』ダイ ヤモンド社

## Column　KPI ジャングルに気をつけよう

　管理会計の歴史は KPI の歴史といってもよいかもしれません。特にバランスト・スコアカードの登場以降，様々な組織で KPI という用語が使われるようになりました。バランスト・スコアカードをフルサイズで実装しなくても，組織が重要と考える KPI を定めて PDCA サイクルを回すことはよく見られます。そして，ともすると見られるのが，KPI が組織の中で溢れかえるという現象です。KPI は組織の業績を左右する鍵となる指標でなければなりません。KPI ジャングルになっている時は，指標をゼロベースで考えてみるとよいでしょう。

第 7 章

報酬設計と
マネジメント・コントロール

## Q29 報酬設計の意義

報酬を設計する意義は何でしょうか？

**A** 　マネジメント・コントロール・システムの基本的な役割は戦略の実行です。組織的に戦略を実行するには，組織構成員の持続的な協働が言うまでもなく重要です。マネジメント・コントロール・システムの構造とプロセスに照らすと，報酬設計は個人と組織の利害を合致させる重要な構成要素です。言い換えると，目標の整合を高める重要部分という意義を有しています（図表2-1）。

　マネジメント・コントロール・システムの構造という点では責任会計制度との整合が大事な点になります。そして，プロセスという点では中長期経営計画や予算，業績評価システムとの関連付けが大事な点になります。戦略を実行する土台としての責任会計制度，プロセスとしての計画や業績評価との関連を適切に設定することが，報酬設計には求められます。

（再掲）[図表2-1]　目標の整合のイメージとポイント

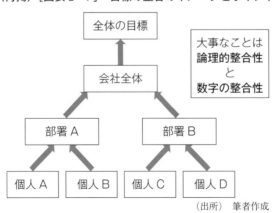

（出所）　筆者作成

## （1）　効果的な FP&A の12の原則に見る報酬設計の在り方

効果的な FP&A の12の原則では，報酬設計を原則7，8，12で直接的に言及しています。原則7と8は「アカウンタビリティに関する原則：当事者意識を強化する文化を作る」原則として，原則12は「FP&A をさらに高い次元へ進める原則」の最後にあります。これらは，金銭的報酬への結びつけがFP&A プロセスないしマネジメント・コントロールの結節点として位置付けられていることを示しています。

> **アカウンタビリティに関する原則：当事者意識を強化する文化を作る**
> **原則7**：マネジャーおよび従業員に財務上の目標の達成に責任を持たせ，財務上の目標と金銭的な報酬を結びつける。
> **原則8**：マネジャーおよび従業員に業務（オペレーション）上の目標の達成に責任を持たせ，業務（オペレーション）上の目標と金銭的な報酬を結びつける。
> **FP&A をさらに高い次元へ進める原則**
> **原則12**：主要業績評価指標をモニターし，主要業績評価指標の目標と金銭的な報酬を結びつける。

第6章の Q27でバランスト・スコアカードが機能する要件として管理システムとの統合があることを説明しました。原則7，8，12はそれと通じています。つまり，財務と非財務＝業務に関する目標，KPI の目標との連係は，全て戦略の実行を意識しています。効果的に戦略を実行するために，**金銭的報酬によって組織と個人の目標の整合を確保する**，高めることが中心的な意図です。

## （2）　報酬設計の理論的基礎：エージェンシー理論

アンソニーによれば報酬設計はポジティブとネガティブのインセンティブを巡る問題といえ，ポジティブな側面は個人の満足度を高め，ネガティブな側面は低めます[63]。そして，組織と個人の関係性という点で報酬設計の理論的基礎

となってきたのがエージェンシー理論です。

　エージェンシー理論は，コーポレート・ガバナンスを論じる際に株主と経営者の関係を説明する理論としてよく使われてきましたが，エージェンシー問題は会社内部にも存在しており，会社組織と個人の関係を考える際でも重要な見方となってきました。特に報酬設計は組織の目標と個人の目標という次元が異なる利害を，インセンティブを持たせて繋げます。プリンシパルとエージェントというエージェンシー問題の素材として馴染む側面があります。

　エージェンシー理論は，全ての個人がそれぞれの価値観で（自己の利害を考えて）行動することを仮定します[64]。これは金銭的なことだけでなく，勤務時間や生活スタイル，職場の雰囲気などを含みます。つまり多様な目的意識や選好性が存在します。それに加えて見逃せないのが情報の非対称性です。当然，全ての行動が把握できることはありません。多様な目的意識や選好性，情報の非対称性をコントロールするメカニズムとして，エージェンシー理論ではモニタリングとインセンティブ契約を主要なツールとします[65]。そして，実際には2つの方法を組み合わせます。モニタリングは業務が単純である場合，比較的容易です。しかしながら業務が単純であることは少なく，モニタリングには限界があります。そこでインセンティブ契約で補完します。組織目標に整合する指標の達成と報酬を紐づけます。

　業績評価指標はプロセスに関わる指標で業務をモニタリングしたり，中間的に財務指標を用いたりすることもできます。加えて，最終的な評価対象として非財務指標や財務指標を設定することでインセンティブを持たせることもできます。それらが責任会計の構造に沿っていること，計画と実績で適切に比較できるようになっていることが重要です。

---

63　Anthony and Govindarajan（2007, p.513）
64　Anthony and Govindarajan（2007, p.530）
65　Anthony and Govindarajan（2007, p.531）

## （3）　優れた事例に共通するシステムの一貫性と報酬設計

　琴坂（2018）はグローバル・レベルで優れた事例にはシステムの一貫性があることを次のように述べています。

> 　優れた実行を伴う戦略は，個々人に対する動機づけまでが一貫している。企業レベルの達成目標が，各事業，各部署，各チーム，そして各個人に落とし込まれ，それらが相互に矛盾しない。そして，各人がその目標の意義を十分に理解し，また達成を現実的な目標として意識することができている。(p.321，傍点は筆者)

　そして，動機づけまでの一貫性という点で報酬体系が整備されていることを挙げています。特にインセンティブ報酬が重視されている点が重要です。

> 　高業績をあげる多国籍企業（中略）の多くは，全社の目的と整合性のある動機づけを組織に整備するため，期待された成果を達成できる経営幹部に高額の報酬を支払い，短期間で責任ある立場に昇進させる仕組みを整備している。
> 　その報酬体系も，業績に関係なく支給される固定報酬よりも，短期・長期の業績を反映するインセンティブが手厚く支給される設計となっている。もちろん，期待された成果をあげることができなければ，躊躇なく解任されたり，報酬が引き下げられたりする前提のうえである。(p.322，傍点は筆者)

　なお，琴坂も上記引用文以外で述べていますが，いわゆる成果主義のデメリットは存在します。しかしながら，少なくとも報酬設計は一大領域であり，デメリットも踏まえた適切な設計と運用が求められます。この点の工夫と配慮は経営の巧拙を分ける分岐点といえます。

## **Q30** 報酬設計の構成要素とインセンティブ報酬

報酬を設計する構成要素は何で，どう位置付ければよいでしょうか？

# **A**

## （1） 報酬設計の構成要素

アンソニーによれば，管理者の報酬はトータルで次の3つの要素から構成されます[66]。

① 基本給（salary）
② 福利厚生（benefits：健康保険や各種手当など）
③ インセンティブ報酬（ボーナスやストックオプションなど）

3つの要素は相互依存の関係にありますが，3つ目のインセンティブ報酬が特にマネジメント・コントロールと関係します。インセンティブ報酬は短期と長期に分かれ，いわゆるボーナスは短期と長期の両方で存在し，短期は基本的に現金，長期はストックオプションの形態を取ることが多いとされます。

戦略を実行して業績を上げるマネジメント・コントロールに最も関連するのは前述のとおりインセンティブ報酬となりますが，ベースラインとしての基本給や福利厚生の存在も重要です。なぜなら，基本給や福利厚生の水準がそもそも高いのか低いのかで従業員の満足度が変わるからです。基本給の水準が高ければ基本的に従業員は満足度が高い状態を保持できますが，逆に水準が低いとモチベーションが低い状態となることが避けられません。また，基本給は役職

---

66 Anthony and Govindarajan（2007, p.514）

などによって年単位で改訂されますが，その改訂がいかに行われコミュニケートされるかでモチベーションにポジティブとネガティブの両面で影響が出ることにも注目する必要があります[67]。

　そして，ベースラインとしての基本給と福利厚生の存在を前提に，インセンティブ報酬をどう設計して運用するかという問題があります。

## （2）　インセンティブ報酬の設計枠組み

　インセンティブ報酬は短期と長期に分かれます。なぜ，短期と長期に分かれるかといえば，短期と長期の両方で成果を求めるからです。短期でも成果を出し，長期でも成果を出す。経営目標（満足できる利益）の達成，企業価値の向上を短期と長期の両面で実現することを意図して，短期と長期でインセンティブ報酬が存在することを押さえることがまず必要です。第6章のQ26で紹介した財務的コントロール・システムだけだと生じがちな長期的に有用な行動を取らずに短期的な成果を出すことに注力するといったことを，報酬設計で回避する枠組みが伝統的に持たれています。

　また，効果的なFP&Aの12の原則，なかでも原則7，8，12に照らすと，インセンティブ報酬の設定にあっても財務的な成果だけでなく，非財務的な成果も同様に考慮することが必要です。つまり，短期と長期だけでなく財務と非財務の両面に渡って**各人の責任に応じて設計**されることが求められます（**図表7-1**）。

[図表7-1]　インセンティブ報酬の設計枠組み

|  | 短期成果 | 長期成果 |
|---|---|---|
| 財務成果 |  |  |
| 非財務（業務）成果 |  |  |

（出所）　筆者作成

---

[67] Hartmann et al.（2021, p.351）

　基本給は基本的に職務や等級に応じて決定されるので，基本給の中には当該職務や等級に対するベースの期待される成果が含まれると考えられます。その上でのインセンティブ報酬の設計は，短期と長期の両面で各人の責任内容に合わせて**基本給＋α**で期待される成果と金銭的報酬が結びつく必要があります。

　各人の責任内容に合わせてというのは，当然，責任会計制度を前提にします。繰り返し言及しているとおり，責任会計制度はマネジメント・コントロールを適切に機能させる土台です。報酬設計は責任会計制度の出口でもあるため，両者の間が整合的であることは必須です。同様に，マネジメント・コントロールのプロセスである経営計画や予算との関連でも整合する必要があります。特にインセンティブ報酬は，少なくとも従来は年度予算との関連が重視されてきました。

## （3）　インセンティブ報酬が機能する条件

　インセンティブ報酬を成果主義の代表と考えると，そのデメリットを最小化する運用が求められます。成果主義が逆機能しない条件といってもよいでしょう。鶴（2023）は人事の経済学の観点から成果主義的な賃金スキームの副作用を小さくする条件を次のように示しています（図表7-2）。

［図表7-2］　成果主義的な賃金スキームの副作用を小さくする条件

> ・労働者のリスク回避度が低い
> ・成果への外的要因の影響度が小さい
> ・成果は客観的かつ容易に評価できる
> ・労働者はなるべく単一の業務に従事している

（出所）　鶴（2023, pp.116-117）

　鶴（2023）は図表7-2のような条件を満たす状況が，どのような雇用方法を採っていてもかなり限定的として，成果主義的な賃金スキームを安易に信奉することに警鐘を鳴らしています。しかしながら，筆者は図表7-2の条件がインセンティブ報酬の設計指針になると考えます。責任会計制度と連係したイ

ンセンティブ報酬を整備することを基礎に，それをサポートする指針として図表7-2にある条件を活用することができます（**図表7-3**）。

[図表7-3]　インセンティブ報酬を機能させる方向性

| 副作用を小さくする条件 | 条件から得られる指針 |
|---|---|
| 労働者のリスク回避度が低い | ストレッチな目標達成や取り組みに対する評価を高くする |
| 成果への外的要因の影響度が小さい | 掲げる目標やKPIを管理可能なものに絞る |
| 成果は客観的かつ容易に評価できる | 基本戦略に沿った実施項目で具体的に評価する |
| 労働者はなるべく単一の業務に従事している | 責任の所在が曖昧となるような配置や兼務を行わない |

(出所)　筆者作成

　図表7-3の条件から得られる指針は，あくまで例えばですが，マネジメント・コントロール・システムが組織構造や企業文化，そして人事管理とフィットして高い業績に結果する図表1-3（9頁）のイメージや，戦略実行のツールとして重要成功要因からKPIに落とし込んでいく図表1-9（18頁）のイメージ，さらに図表4-7（90頁）の管理会計用の損益計算書による管理業績と経済的業績の峻別といったイメージが根底にあります。

　インセンティブ報酬は，そもそも基本給＋αの存在なので，**基本給とのバランスをどうするか**も含めて会社の姿勢やスタンスによってデザインが変わります。その上で図表7-3の指針から改めて考えてみると，インセンティブ報酬が適切に機能するには，①組織構造と責任構造が整備されていること，②管理可能性に基づく業績評価システムが財務と非財務に渡って整備されていること，③基本戦略から具体的な実施項目まで成果指標とドライバー指標が一貫性を持つ形で整備されていること，といった環境面の整備が重要になると考えられます。残るリスク回避への対処は，ストレッチな目標達成に対する報酬の割合を調整する（報酬を大きくする）ことが一案です。

## Q31 グローバル企業における目標管理：OKRの考察

個人に対するマネジメント・コントロールはどう考えればよいでしょうか？

**A** 報酬設計は当然設計して終わりではなく，適切な運用があって初めて意味を持ちます。マネジメント・コントロール・システムが構造とプロセスに分かれるのと同様に，報酬も設計という構造面と運用というプロセス面があります。組織構造にフィットした責任会計制度に合わせて基本給＋αのインセンティブ報酬が構造として準備され，マネジメント・コントロールのプロセス（経営計画と予算）に沿って組織と個人の目標が整合性を保ちながら両者の目標が達成されるように運営する（実績を管理する）ことが必要です。この点で注目できるのが目標管理手法の一つとされる OKR（Objectives and Key Results）です。

目標管理（MBO：Management By Objectives）はピーター・ドラッカーが提唱したことで有名です。OKR の源流であるインテルでは，インテル版の目標管理制度としてスタートしました。アンソニーは MBO が予算の作成プロセスと分離されている場合があると述べ，両者は一体的に運用されるべきだとしました[68]。OKR の源流であるインテルは一体的運用の代表です（石橋，2020，p.177）。

なお，インセンティブ報酬が適切に機能する条件に関連して示した組織構造と責任構造の整備などと同様に，報酬体系がうまく機能するには**人事管理との連係が不可欠**です。さらに戦略実行のための連係という点では図表 1-3（9頁）からすると，**企業文化ともフィット**することが必要です。

---

[68] Anthony and Govindarajan（2007, pp.386-387）

## （1）　OKR の概要

　図表 7 - 4 にあるように，OKR は一つの目標に対して 3 つ程度の主な結果を
持つことが基本となります（芳野，2021，p.144）。

[図表 7 - 4]　OKR の例

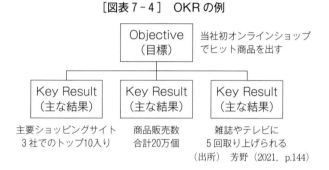

（出所）　芳野（2021，p.144）

　目標と主な結果は，それぞれ**図表 7 - 5** のような条件があります。

[図表 7 - 5]　目標と主な結果の条件

| 目標とできる条件 | 主な結果とできる条件 |
|---|---|
| ・定性的でメンバーを鼓舞するような内容<br>・ 1 ヶ月〜 3 ヶ月で実現できるもの<br>・チームで独立して実行できること | ・目標の感覚的な言葉を定量化した指標（数は 3 つ程度）<br>・難しいが不可能ではないストレッチな目標値（達成できる自信が半分）<br>・60〜70％の達成度で成功とする |

（出所）　芳野（2021，pp.144-145）を元に筆者作成

　芳野（2021）によれば，OKR を設定する際には合わせて目標達成に対する
自信度を設定します（ 1 〜10のスケールで設定）。そして，OKR で設定した期
間が終了した後に達成度をスコアリングします。この **OKR の達成度は人事評
価には結びつかず**，次の OKR 設定の際の参考とします（p.145）。

　OKR の運用方法は，「毎週月曜日にチェックイン・ミーティングを開き，

OKRの進捗チェックを行い」(p.145)，その後の見通しを立てます。また，「金曜日は1週間の成果を共有するウィン・セッションを開きます」(p.145)。チェックイン・ミーティングとウィン・セッションを継続的に実施することで，目標の達成を効果的に実現することを目指します。OKRの設定期間の終了時には，前述のスコアリングを元に次のOKRを設定します。

OKRの具体的な運用は多様性があると思われますが，マネジメント・コントロール・システムの立場からは組織と個人の目標の整合を継続的に維持向上させられる点に最大の意義があると考えられます。また，最終的な年間の目標達成に向けて柔軟に設定を変えながら取り組める点も重要です。

## （2） インテルとグーグルの取組みからの示唆

OKRの源流であるインテルのマネジメント・コントロール・システムを最も象徴するのは，経営計画の持ち方です（**図表7-6**）。

経営計画や年度予算が組織全体と従業員の業績賞与を軸に構成されていることが分かります（第2章Q9も参照のこと）。そして，年度予算と業績賞与の両方を満足できる形で達成するために，インテルでは継続的な対話（1 on 1）が行われます（石橋，2023，p.39）。つまり，継続的な対話を通して組織全体の目標と各個人の目標は同期が図られ続け，最終的な目標達成に向けて全体が駆

[図表7-6] インテルの中期経営計画の枠組み

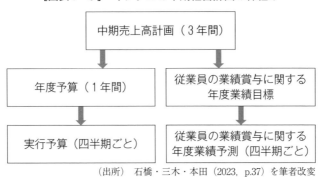

（出所）　石橋・三木・本田（2023，p.37）を筆者改変

動され続ける仕組みになっています。OKR を用いる場合，この全体の枠組み
を踏まえることが肝要です。また，**OKR と金銭的報酬の連係は多様**です。

　この点，インテルと比較した時にグーグルの取り組みで注目できるのは，設
定する目標を 2 つの目標に分けることです。「コミットする目標」と「野心的
目標」に分け，それぞれの取り組みを評価します。この 2 つに目標を分けるこ
との効果は大きく，続く継続的対話や年次業績評価，報酬といった点でも独特
な仕組みになっています。それぞれの詳しい意義は石橋（2021，pp.189-194）
にありますが，戦略の実行と創発という点で最も注目できる見解（p.192）を
次に紹介します。

> ……社運を賭けた大胆な目標（野心的な OKR）を追求するためには，現場主導
> の戦略形成プロセスによって創発的な戦略を支援することが必要になる。創発
> 的な戦略を支援することが目的である対話型コントロールシステムの場合，イ
> ンセンティブを事前に決めた方式にリンクさせる方法は必ずしもうまくいかな
> い。
> 　対話型コントロールシステムのインセンティブは，イノベーションに対する
> 個々の努力と貢献度に報いるのが正しいのである。（後略）

　すなわち，**戦略の創発を継続的に追求する仕組み**（＝イノベーションを連続
的に起こす仕組み）として野心的な目標とそれに連なる OKR があることに注
目する必要があります。同 OKR を支援する業績評価や報酬設計が存在してい
ることも注目できます。インテルと比較した時，グーグルの年次業績評価と報
酬設計は年間業績とタイトな繋がりにはなっていません（石橋，2021，pp.193
-194）。短期と長期でいえば，長期的な成果に重きを置いているといえます。

## Q32　中小企業の報酬設計の在り方

中小企業はボーナスをどのように考えればよいでしょうか？

**A** 　報酬設計の議論は，中小企業にとって雲の上の話に聞こえるかもしれません。ボーナスを払えている中小企業は限られているといった話もあります。中小企業の場合，経営状態や財務状態に不安を抱える傾向があるため，どうしても基本給以外のインセンティブ報酬まで配慮できないという事情があるかもしれません。しかしながら，マネジメント・コントロール・システムの観点からするとインセンティブ報酬は戦略実行の確度を上げる重要な手段です。**戦略実行の推進力**としてボーナス＝インセンティブ報酬を活用すべきです。

### （1）　人件費をコストではなくパワーとする[69]

　第3章や第4章で各責任センターを説明する際に用いたインプット→プロセス→アウトプットの理解の仕方は，原価計算の世界でも基本的な理解として持たれています。原価計算では費目別計算がインプット・コストとされ，例えば人件費はインプット・コストと位置付けられます。インプット・コストという以上は，当然，何らかのアウトプットがあります。それが何らかのサービスであったり製品であったりします（**図表7-7**）。

　業績が悪くなるとインプット・コストである人件費をまず削ることがイメー

[図表7-7]　インプット（人件費）とアウトプット

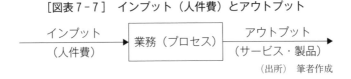

インプット　　　　　　　　　　　　　アウトプット
（人件費）　　業務（プロセス）　　（サービス・製品）

（出所）　筆者作成

---

69　このアイデアは古田土（2019, p.170）に依拠しています。

ジされたりしますが，インプット・コストを削減することはアウトプットには
影響しない，もしくは軽微な影響に止まることが想定されています。人件費を
削る際はともかく業績が悪いことが多いので，あまりインプットとアウトプッ
トのバランスを考えたりしないかもしれませんが，本質的に考えるべきはイン
プットとアウトプットのバランスです。

　そして，インプットとアウトプットのバランスからすると，アウトプット一
定でインプットを減らすという方向もありますが，インプットを増やすことで
それ以上にアウトプットを増やすという選択肢があることが分かります。**ボー
ナスは，このアウトプットを増やす手段とする**ことが肝要です。つまり，アウ
トプットを増大するパワーとしてインセンティブ報酬を活用します。

## （2）　会社のアウトプットは利益

　アウトプットの増大というと売上を増やすことと反射的に考えてしまうかも
しれませんが，利益センターである会社のアウトプットは利益です（図表4−
1）。もちろん利益の前提として売上の確保は重要ですが，費用面の工夫が利
益創出という点で甚大であることも忘れてはいけません。運転資本の工夫も同
様です。

　会社として満足できる利益を生み出すためにボーナスを活用する，ボーナス
にパワーを発揮してもらう意識が重要です。具体的には会社全体の利益目標が
達成できたことを条件に決算賞与を出すようにします。利益目標の達成に向け
て進捗状況を共有することも大いに実施すべきです。第6章のQ25で説明した

**（再掲）[図表4−1]　利益センターのインプットとアウトプット**

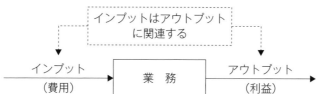

（出所）　Anthony and Govindarajan（2007，p.132）

見込管理の方法を活用して，年度末に向けた見込管理を社内で共有すると，社員の利益達成に対する動機づけが行えます。

## （3） 古田土（2019）の提案

第2章のQ9で紹介した古田土会計では，決算賞与の出し方として次のように提案しています（p.172）。

> 期首に年間目標利益を定め，それを上回ったら決算賞与を出すと，社員に約束するのです。私たちは，あらかじめこうした年間計画を含む「経営計画書」を作り，次の期が始まる直前に全社員に向けて発表会をすることをお勧めしています。
>
> 利益には税金がかかるので，利益のうち目標を上回った分を税金と決算賞与と内部留保に，3分の1ずつ回すと宣言すればいいでしょう。例えば，目標額より利益が300万円オーバーしたら，100万円が決算賞与の原資になります。

経営計画を作成して発表会を行い，その際に決算賞与に関して明確な方針を打ち出せば，利益目標の達成に向けた目標の整合が高まることは間違いありません。また，仮に経営計画の作成や発表会といったことを行わないにしても，決算賞与に関する方針と利益目標の達成状況を適切に共有するだけでも効果は大きいと思われます。

そして，経営者自身の動機づけとして決算賞与を自らに出すようにしましょう。決算賞与について「事前確定届出」を税務署にしておきます。おそらく多くの中小企業で定期同額による役員給与，賞与に関しては事前確定届出を利用していると思われます。それを単に制度として利用するのではなく，経営の技術として利用します。つまり，満足できる利益を確保することができたなら，事前確定届出のとおりに自らも決算賞与を受け取るということです。こうすることで，経営者から従業員までが満足できる利益の実現に向けて同じ目標を意識して進むことができます。

もう一点，古田土（2019）は決算賞与を特別損失に計上することを提案して

います（pp.174-175）。

> 　会計上，決算賞与を販売管理費（販管費）に含める企業が多いのですが，特別損失に計上しましょう。決算賞与を出したことで決算書上の経常利益が減るのでは，経常利益の計画値と実績値を正しく比較できないからです。
>
> 　特別損失に組み込めば，営業利益も経常利益も多く表示されるので，金融機関に対しても見栄えが良くなります。何か言われたら「利益が計画を上回ったので，決算賞与を支給した」と説明すればいいのです。税務署もそれで納得します。

　これは引用文が全てですが，中小企業ならではの工夫として注目できる提案です。営業利益と経常利益が賞与の有無に影響を受けることなく一貫性ある形で計上できることは業績管理会計として望ましく，他方，金融機関と税務署という中小企業にとって重要な利害関係者にスムーズに理解してもらえるという点でも注目できます。

　最後に，古田土（2019）は中小企業には成果主義の人事制度・給与制度は向かないとしています（pp.186-187）。また，研修費などにお金をかけるよりも，そもそもの基本給を「地域の相場よりも10％高い水準にすること」（p.190）を推奨しています。前者は先述の成果主義が機能する条件がかなり限定的なことと符合しますし，後者は基本給の高低が基本的な満足度に影響することと符合します。中小企業では，これらの基本的な部分を踏まえることが必要と考えられます。いずれにしても，人件費を戦略実行の推進力にすることが肝要です。

### 〈本章の参考文献〉

・Robert N. Anthony and Vijay Govindarajan (2007) *Management Control Systems*. 12th Edition. International Edition. New York : McGraw-Hill Irwin.
・Frank G.H. Hartmann, Kalle Kraus, Göran Nilsson, Robert N. Anthony and Vijay Govindarajan (2020) *Management Control Systems*. Second European Edition. London : McGraw-Hill Education.
・石橋善一郎（2021）『経理・財務・経営企画部門のための FP&A 入門』中央経済社

・石橋善一郎・三木晃彦・本田仁志（2023）『CFO と FP&A』中央経済社
・古田土満（2019）『熱血会計士が教える会社を潰す社長の財務！勘違い』日経 BP 社
・琴坂将広（2018）『経営戦略原論』東洋経済新報社
・昆政彦・大矢俊樹・石橋善一郎（2020）『CFO 最先端を行く経営管理』中央経済社
・鶴光太郎（2023）『日本の会社のための人事の経済学』日経 BP 社
・芳野剛史（2021）『実践 Q&A　予算管理のはなし』中央経済社

## Column　ウェルビーイングとマネジメント・コントロール・システム

　マネジメント・コントロール・システムは戦略の実行と創発に焦点を当ててきました。実行に関しては診断的コントロール・システムが従来典型とされ，予算管理やバランスト・スコアカードといったツールを巡って議論が詰められてきました。一方，創発に関しては議論の蓄積は見られますが，十分な整理が行われているとはいえません。グーグルの例に見られるように，継続的なイノベーションが必要な状況では，創発こそが実行といえる側面があります。組織として創発を促す仕組み（環境整備）が重要であることはもちろん，何より個人の創造性が根幹的に重要です。

　少し飛躍すると，個人の創造性を支えるのはウェルビーイングにあると考えられます。今後，マネジメント・コントロール・システムを巡ってはウェルビーイングとの関連で理論を発展させることが重要になるでしょう。関連して心理的安全性やエンゲージメントがキーワードになると思われます。

# おわりに

　「はじめに」でも申し上げたとおり，本書は私見に基づく実践ガイドです。筆者が考えるマネジメント・コントロール・システムの根幹部分を論述したものです。

　マネジメント・コントロール・システムはFP&Aの根幹を成す思考基盤であり，管理会計の大きな柱です。それを体系化したアンソニーの書籍と効果的なFP&Aの12の原則を基軸に，大企業から中小企業まで規模を問わず根幹となる部分に焦点を当てて論述しました。アンソニーの書籍は管理会計の世界では基盤的な文献として理解されてきました。多くの研究論文でも基礎や背景にアンソニーの体系が意識されています。一方，効果的なFP&Aの12原則は，その名のとおり現在の優れた取り組みから抽出されたもので，大いに解説を行うべきだと感じてきました。法律の逐条解説ではありませんが，アンソニーの体系に沿ってFP&Aの効果的な原則を筆者なりに解説しました。

　また，実践ガイドにふさわしいよう本書はできるだけ根幹部分を簡潔に記すことを意識しました。したがって，物足りないと感じられた部分があったかもしれません。そうであれば，本書を契機により詳しい文献に当たっていただいて，本書の記述を確認・検討していただけるとありがたいです。筆者が担当する授業では，関連して多くの資料を参照します。本書は，その骨子部分を取りまとめたといってもよいです。マネジメント・コントロール・システムの構造とプロセスについて，基本の理解としては役立つ部分が多いのではないかと思っています。

　本書がカバーしきれていない分野や論点は多数ありますが，今後，変化と重要性が増すと思われるのは，やはりITの進化に伴う影響です。コロナ禍によってテレワークが一気に一般化しました。また，本書を執筆している段階ではChatGPTが話題になりました。多くの方が指摘しているように，おそらく会社組織はフラット化，ネットワーク化が進みます。経理処理の大部分はシステ

ムに置き換えられるでしょう。会計データなどの分析もかなりの精度で AI に
よって実現できることになると予想されます。そうした時に，FP&A は IT の
サポートを受けて一層の活躍が見込まれます。経営全体を駆動する枠組みと財
務的に全体と細部を同時に捉えられるのは FP&A の他にいません。いかにワ
ンカンパニーとして全体を掌握して推進することができるか。この点が
FP&A にとっての命題だと思われます。FP&A に関する最新の動向について
は，日本 CFO 協会が主催する「FP&A 実践講座」が大変有用です。是非ご参
加ください。また，FP&A の基礎固めをしっかり行いたいという方は LEC 会
計大学院の門を叩いていただければと思います。

　最後に，本書の作成に際してお世話になった方々への感謝を記します。

　本書を作成する直接のきっかけは LEC 会計大学院の修了生で税理士として
書籍も出されている山本誉先生からの熱心な勧めでした。筆者が担当する
LEC 会計大学院の「マネジメント・コントロール・システム論」という授業
では，2021年度に石橋善一郎先生と山本誉先生，他に本学の結城邦博先生，横
井隆志先生にも参加いただきました。筆者からすると何という豪華な参加者！
という感じで，毎回とても充実した時間となりました。石橋先生の圧倒的なご
経験とスキルから発せられる秀逸なコメントに毎回唸りながら授業を行い，正
規履修の方々も得難い経験になったと思います。あの15回が本書の基礎です。

　そのように授業に取り組めたのは，FP&A に関するカリキュラムの構築に
向けて集中することを許してくれた LEC 会計大学院の先生方・事務方のご配
慮に依るところが大です。いつも温かく見守ってくださる先生方，事務方の皆
さまがあって，本書を書き上げることができました。心より御礼申し上げます。
今後，一層 FP&A に関する研究教育を推進していきます。

　本書の執筆は予定より時間がかかりました。編集を担当していただいた中央
経済社の奥田真史様の真摯なサポートがあってこそ，最終完成に至れたと思い
ます。合わせてここに感謝申し上げる次第です。

〈著者紹介〉

## 山本　宣明（やまもと・のぶあき）

LEC 会計大学院　教務部長/専任教授/博士（経営学）
青山学院大学大学院経営学研究科博士後期課程修了。LEC 会計大学院助教，講師，准教授を経て現職。
「マネジメント・コントロール・システム論」「財務分析論」「会計学研究指導（財務分析）」「マネジメント・シミュレーション１・２」を担当。
日本 CFO 協会 FP&A プログラム運営委員。

本書に関連する主な著作物に「中小企業における予測モデルに基づくキャッシュ・バランス経営の提案」（LEC 会計大学院紀要，2021年４月，共著），「キャッシュ・フローを起点とする安全性分析を用いた東京都の事例研究」（会計検査研究，2021年３月），「Tableau による安全性分析ダッシュボードの構築」（LEC 会計大学院紀要，2020年１月，共著），「中小企業の管理会計を支援する会計事務所の月次決算サービス～フィードフォワード主体の経営協議の可能性～」（管理会計学，2019年３月，共著），「ファーストリテイリングの本業収益力：利益ポテンシャルと CCC による収益性分析」（企業会計，2017年２月），「『原価計算基準（仮案）』に見る中西寅雄の原価計算思想」（LEC 会計大学院紀要，2015年12月），『崖っぷち女子大生あおい，チョコレート会社で会計を学ぶ』（清文社，2013年，共著），「我が国大規模病院の業績評価システムと自律性に関する実証分析」（管理会計学，2007年３月）などがある。

**実践 Q&A**
## マネジメント・コントロール・システムのはなし

2023年9月25日　第1版第1刷発行

著　者　山　本　宣　明

発行者　山　本　　　継

発行所　㈱中　央　経　済　社

発売元　㈱中央経済グループ
　　　　パ ブ リ ッ シ ン グ

〒101-0051　東京都千代田区神田神保町1-35
電話　03 (3293) 3371 (編集代表)
　　　03 (3293) 3381 (営業代表)
https://www.chuokeizai.co.jp
印刷／昭和情報プロセス㈱
製本／㈲井上製本所

©2023
Printed in Japan

●実務・受験に愛用されている読みやすく正確な内容のロングセラー！

## 定評ある税の法規・通達集シリーズ

### 所得税法規集
日本税理士会連合会 編
中央経済社

❶所得税法 ❷同施行令・同施行規則・同関係告示 ❸租税特別措置法（抄）❹同施行令・同施行規則・同関係告示（抄）❺震災特例法・同施行令・同施行規則（抄）❻復興財源確保法（抄）❼復興特別所得税に関する政令・同省令 ❽災害減免法・同施行令（抄）❾新型コロナ税特法・同施行令・同施行規則 ❿国外送金等調書提出法・同施行令・同施行規則・同関係告示

### 所得税取扱通達集
日本税理士会連合会 編
中央経済社

❶所得税取扱通達（基本通達／個別通達）❷租税特別措置法関係通達 ❸国外送金等調書提出法関係通達 ❹災害減免法関係通達 ❺震災特例法関係通達 ❻新型コロナウイルス感染症関係通達 ❼索引

### 法人税法規集
日本税理士会連合会 編
中央経済社

❶法人税法 ❷同施行令・同施行規則・法人税申告書一覧表 ❸減価償却耐用年数省令 ❹法人税法関係告示 ❺地方法人税法・同施行令・同施行規則 ❻租税特別措置法（抄）❼同施行令・同施行規則・同関係告示 ❽震災特例法・同施行令・同施行規則（抄）❾復興財源確保法（抄）❿復興特別法人税に関する政令・同省令 ⓫新型コロナ税特法・同施行令 ⓬租特透明化法・同施行令・同施行規則

### 法人税取扱通達集
日本税理士会連合会 編
中央経済社

❶法人税取扱通達（基本通達／個別通達）❷租税特別措置法関係通達（法人税編）❸減価償却耐用年数省令 ❹機械装置の細目と個別年数 ❺耐用年数の適用等に関する取扱通達 ❻震災特例法関係通達 ❼復興特別法人税関係通達 ❽索引

### 相続税法規通達集
日本税理士会連合会 編
中央経済社

❶相続税法 ❷同施行令・同施行規則・同関係告示 ❸土地評価審議会令・同省令 ❹相続税法基本通達 ❺財産評価基本通達 ❻相続税法関係個別通達 ❼租税特別措置法（抄）❽同施行令・同施行規則（抄）・同関係告示 ❾租税特別措置法（相続税法の特例）関係通達 ❿震災特例法・同施行令・同施行規則（抄）・同関係告示 ⓫震災特例法関係通達 ⓬災害減免法・同施行令（抄）⓭国外送金等調書提出法・同施行令・同施行規則・同関係通達 ⓮民法（抄）

### 国税通則・徴収法規集
日本税理士会連合会 編
中央経済社

❶国税通則法 ❷同施行令・同施行規則・同関係告示 ❸国外送金等調書提出法・同施行令・同施行規則 ❹同関係通達 ❺租税特別措置法・同施行令・同施行規則（抄）❻新型コロナ税特法・令 ❼国税徴収法 ❽同施行令・同施行規則・同告示 ❾滞納処分と強制執行等との手続の調整に関する法律・同施行令・同施行規則 ❿税理士法・同施行令・同施行規則・同関係告示 ⓫電子帳簿保存法・同施行令・同施行規則・同関係告示・同関係通達 ⓬行政手続オンライン化法・同国税関係法令に関する省令・同関係告示 ⓭行政手続法 ⓮行政不服審査法 ⓯行政事件訴訟法（抄）⓰組織的犯罪処罰法（抄）⓱没収保全と滞納処分との調整令 ⓲犯罪収益規則（抄）⓳麻薬特例法（抄）

### 消費税法規通達集
日本税理士会連合会 編
中央経済社

❶消費税法 ❷同別表第三等に関する法令 ❸同施行令・同施行規則・同関係告示 ❹消費税法基本通達 ❺消費税申告書様式等 ❻消費税法等関係取扱通達等 ❼租税特別措置法（抄）❽同施行令・同施行規則（抄）・同関係告示・同関係通達 ❾消費税転嫁対策法・同ガイドライン ❿震災特例法・同施行令（抄）・同関係告示 ⓫震災特例法関係通達 ⓬新型コロナ税特法・同施行令・同施行規則・同関係告示・同関係通達 ⓭税制改正法等 ⓮地方税法（抄）⓯同施行令・同施行規則（抄）⓰所得税・法人税政令省令（抄）⓱輸徴法令 ⓲関税法令（抄）・同関係告示 ⓳関税定率法令（抄）⓴国税通則法令・同関係告示 ㉑電子帳簿保存法令

### 登録免許税・印紙税法規集
日本税理士会連合会 編
中央経済社

❶登録免許税法 ❷同施行令・同施行規則 ❸租税特別措置法・同施行令・同施行規則（抄）❹震災特例法・同施行令・同施行規則 ❺印紙税法 ❻同施行令・同施行規則 ❼印紙税法基本通達 ❽租税特別措置法・同施行令・同施行規則（抄）❾印紙税額一覧表 ❿震災特例法・同施行令・同施行規則（抄）⓫震災特例法関係通達等

## 中央経済社